図解・最新

学校では教えてくれない

お金の授業

山崎元

PHP

はじめに

本書は、全くの初心者向けのお金の本よりも、もう少し深く仕組みや考え方を知りたいと思う人に向けて書いた「中級者向けのお金の本」です。ただし、中級者向けとはいうものの、前提となる知識は初心者向けの本と変わりません。

さて、本書を手に取っておられるあなたは、個人がお金をどう扱ったらいいのかについて、学校で体系的に、かつ納得の行くように、教わったことがおありでしょうか？

私の場合は、ありません！　大学は経済学部に進みましたが、個人のお金の扱い方を教える講義は皆無でした。大学以前の、小・中・高の学校でも同様でした。

しかし、「お金」は、多くの人の人生にあって大きな問題の一つです。人によって、関わり方、こだわり方にちがいはあっても、「お金は大切だ」と思っている人がほとんどです。

小・中・高の適当な段階で、家庭科、数学、あるいは社会科で、個人のお金の扱い方について教えるべきだと私は考えています。そのために、大学では個人のためのファイナンス（金融論）がもっと研究され、講義も行われるべきでしょう。

但し、個人がどのようにお金を扱うのがいいのか、ということは学者にとっても、金融のプロにとっても、厳密に考えると、案外難しい問題なのです。世間では、ファイナンシャル・プランナー（いわゆる「ＦＰ」）はお金の専門家だということになっていますが、率直に言って、大半のＦＰが個人のお金の扱い方をアドバイスする上で、必要なレベルの金融知識を持っていません。ＦＰが書いた本には、しばしば明らかな間違いが載っていますし、そもそもＦＰが利用するテキスト自体に正しくない記述があります。

お金について、正しい知識を踏まえた上で、その知識を、分かり易い原則にまとめて、具体的に応用出来るように伝えることは、簡単なことではありません。

しかし、本書は、個人のお金の扱い方について敢えて体系的な「授業」を行うことを試みます。「講義」といわず、「授業」と称するのは、本書が、大学の「講義」よりも易しく、高校の「授業」くらいのレベルで書かれているからです。

私は、獨協大学で二〇一〇年から六年間ほど「金融資産運用論」というタイトルの講義を担当していました。個人の資産運用を大学生に教えました。その意味で「学校では教えてくれないお金の授業」という本書のタイトルは、「看板に偽りあり！」ということになります。しかし、大半がお金のことなど考えた事がなかった学生諸君にお金の運用をどう理解して貰うかについて、講義を通じて分かったことが幾つもあります。本書には、その結果が数多く反映されています。彼らのおかげで本書はずいぶん分かり易いものになったと思っています。当時の学生たちに感謝します。

さて、私は、プロのお金の運用そのもの、あるいはプロの運用に対してアドバイスを与える仕事に長く携わって来ました。投資信託や年金資産を運用するファンドマネジャーだったこともありますし、証券会社やシンクタンクでプロの運用者に対して運用に関するアドバイスをする仕事もしました。また、共済年金運用の運用委員会の委員として年金運用について考える機会もありました。

本書でお伝えするお金の扱い方に関するノウハウの多くは、プロが運用する大きなお金に適用される方法と考え方を、個人のお金にあてはめてアレンジしたものです。

プロの運用の仕事を通じて感じたことは、資金が大きくても、小さくても、運用の基本は同じだということです。現時点で約一八〇兆円に及ぶ公的年金の運用を考える場合でも、一個人が一八〇万円のお金を運用する場合でも、

①取り得るリスクの範囲の中で、
②リスクと期待リターンのバランスを考え、
③できるだけ無駄なコストを省く、

という運用の基本的な考え方は全く同じです。

また、本書では、運用以外にも、生活の中で生じるお金との付き合い方のあれこれについて、「これが合理的だ」と思う考え方を紹介しています。

お金が足りなくならないようにお金を管理するにはどうするか、住宅は購入するか賃貸にするか、生命保険をどうするか、といった、生活の場面で直面するお金の問題まで広く扱うことにしました。

お金は「あると便利なもの」ですが、あくまでも手段に過ぎません。また、人によるかも知れませんが、お金のことをあれこれ気にかけるのは、楽しいことではありません。私にとっては、お金のことを気にせずに済むような生活こそが理想です。お金を合理的に扱って、お金の悩みを持たずに、爽やかに暮らそう、というのが本書全体を通じた目的意識です。

お金を有利に扱うには、また、有利不利以上に、気持ち良くお金と関わるためには、明らかで無駄な「損」を避けることが大切です。お金の世界では、銀行・証券会社・保険会社などの金融ビジネスに関わる人々に判断を頼ると、ほぼ間違いなく「損」をします。

金融商品にあっては、市場で得られるリターン(収益)を商品の買い手である顧客の儲けと売り手の手数料に分ける仕組みになっているので、顧客が判断ミスをして高い手数料の商品を選ぶなどの損をすることが、売り手側の利益につながるからです。お金についてては、「自分で判断する」ということが重要ですし、金融ビジネスとの関わりに油断があってはいけません。特に、「自分はお客様なのだから、丁寧なアドバイスを受けて当然だ」というお客様意識を持つ事は危険です。

一方、お金の世界には、株式市場や外国為替市場のように、個人が参加できて、楽しむことが出来るゲームの場もあります。本書では、主に株式投資について、入門的な解説をお届けします。「全ての人が株式に投資すべきだ」とまでは申しませんが、ゲームとして奥の深い世界ですし、経済を理解する手助けにもなり、同時に（絶対にとはいえませんが、おそらくは）お金を増やす手段にもなります。是非チャレンジしてみて下さい。

本書の各章は、内容的に他の章とほぼ独立しています。読者がご興味を持たれた章から、気の向くままに読んで頂いて結構です。10限目まで全てを読んで頂くと、お金とどう関わったらいいのかについて、一生使える判断の枠組みと、具体的なコツが身につくはずです。

本書のオリジナル版が出たのは二〇一四年です。

その後、お金の運用に関わる制度の変更があったり、著者自身が新たに気付いたり、工夫したりで、自分で言うのはおこがましいのですが、多少「進歩」しました。今回、大幅に図版を加えた図解版を出すにあたって、こうした変更や進歩を反映させています。

読者の快適な人生のための「お金の授業」にどうぞご参加下さい。

図解・最新　学校では教えてくれないお金の授業　目次

1限目

「お金」との付き合い方

2 限目

収入と支出のバランス感覚を身につける

3
限目

4 限目

損得は「利回り」で判断しよう

6 限目

初心者のための投資の基本と考え方

7 限目

株式投資でお金をふやす

8限目

投資信託でお金をふやす

10限目

経済の変動パターンとお金の運用

本書は、二〇一四年六月に弊社から発刊された『学校では教えてくれないお金の授業』に図表を追加し、最新情報に更新するなどの大幅な加筆・修正を加えたものです。

1
限目

「お金」との
付き合い方

お金とどう付き合うか？

本書のタイトルに「お金の授業」とあるからには、「お金とは何か」を問うことから始めてみましょう。「お金とは何か」の問いかけに敢えて一言で答えると、**「お金とは、それをもって支払いができる手段」**です。お金があると、モノを買うことができるし、サービス（他人の労働）を買うこともできます。もう一歩踏み込んで言うと、**お金とは人を動かす力を数量化してシンボルとしたもの**です。モノを買うという行為は他人の所有物を渡してくれるよう相手を「動かす」ことです。サービスについても同様に考えられます。「感謝のしるし」であると同時に「恩を感じさせる武器」でもある。

また、お金は、もともと自然に存在していたわけではありません。実際にお金の姿は、それぞれの時代や地域によって形を変えてきました。貝殻や石、金銀などの貴重な金属が「お金」として取引された時代から、銀行が紙幣という紙切れを「お金」として発行する現代まで、その時々で通用してきたものこそが「お金」であったわけです。

本来、お金ではなかったものが、「お金」として通用するようになるには、それを使用

お金とは何か？

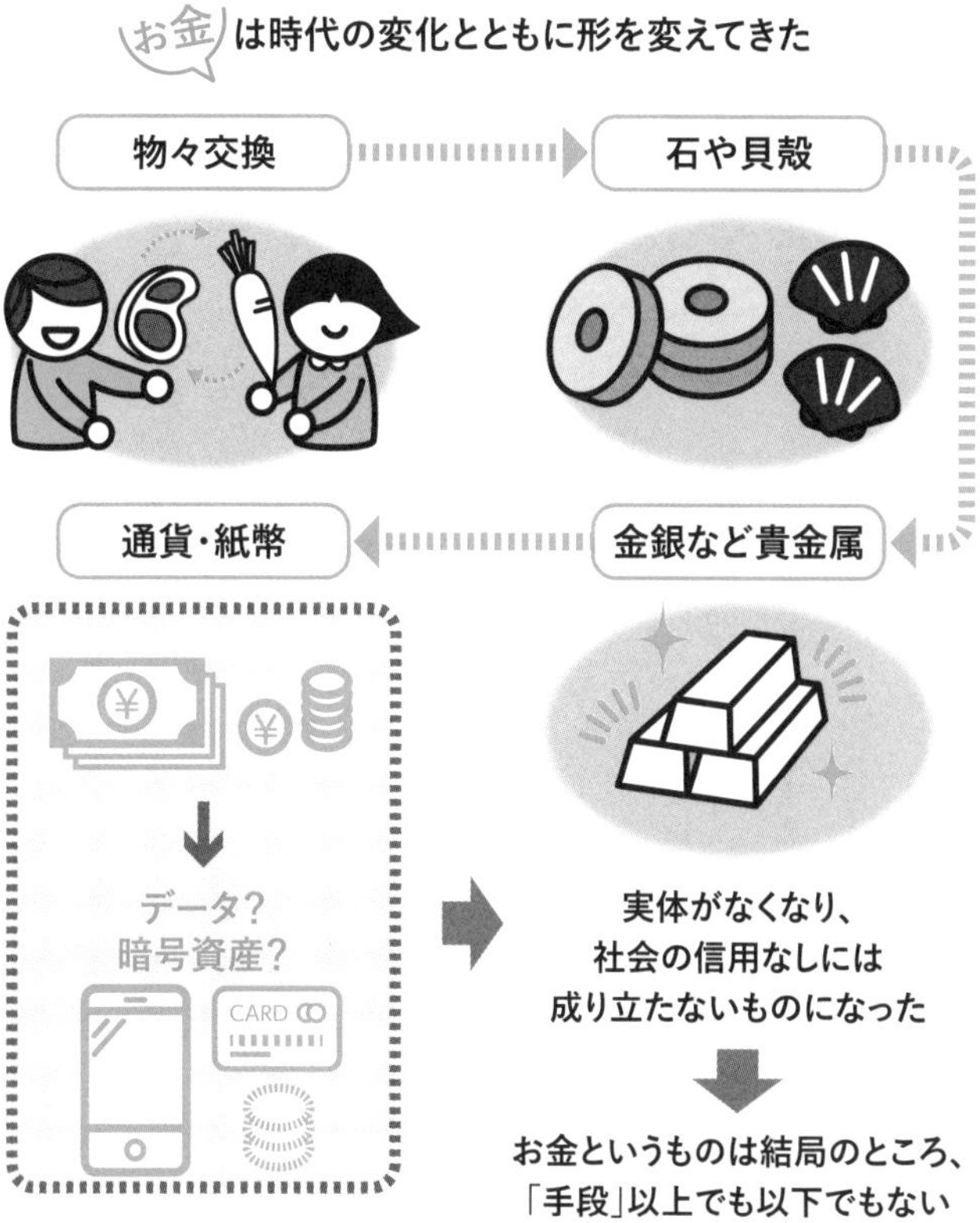

お金は時代の変化とともに形を変えてきた
物々交換
石や貝殻
金銀など貴金属
通貨・紙幣
データ？
暗号資産？
CARD
実体がなくなり、
社会の信用なしには
成り立たないものになった
お金というものは結局のところ、
「手段」以上でも以下でもない

一歩引いて客観的に考えられるような、
少々ドライな距離感を持つことが大事

する社会において、「これは『お金』である」という共通の認識を持つことが必要です。

支払いをする側が「お金」として渡したものを、受け取った側も「お金」として受け取る、そうやって両者が認識することができるものとして想定されてきたものがお金なのです。この「共通の認識」は社会における「信用」でもあり、お金とは、モノやサービスの支払い手段として、みんなに信用されているもの、**「お金とは信用である」**と言い換えることもできるでしょう。

この「信用」とは、「将来、急にお金としての価値がなくなることがない」という前提で、みんながそのことを当てにしているということです。この信用があるからこそ、お金は現代においてさまざまな場面で支払いに用いることができるのです。

お金はデータでしかない?

「お金とは、それをもって支払いができる手段」です。**お金というものは結局のところ、「手段」以上でも以下でもない**、ということを認識することが大切です。

お金の姿は、それぞれの時代や地域によって形を変えてきましたが、あくまで「手段」なのですから、具体的なモノである必要もないわけです。やがて、お金は持ち歩いて受け渡しをする「実体」のあるモノから離れ、銀行口座の残高などで示される「データ」としてやり取りされるようになりました。

現代のお金は、コンピュータの中のデータに過ぎないといってもいいかもしれません。

メーカーが原材料を買ったり、商社が商品を輸入したり、そうした経済活動の場面において、紙幣をかき集めて現金の形で受け渡しをするような光景は、ほとんど見ることはありません。個人の買い物も高額なものはカードで支払うことがよくありますし、カードの支払いは毎月単位で精算されます。実際には、銀行のシステム上で誰々のお金としていくらある、というデータが記録され、そのデータに基づいて、送金や引き落とし、クレジットカードの決済などが行われます。この場合も、支払う側と受け取る側の両方の口座でデータがやり取りされるだけで、実物としてのお金のやり取りはなされません。

もちろん、だからといって「ただのデータとなったお金は、もはや重要ではない」と言いたいわけではありません。

お金が大切なものであることに違いはありません。ですが、私たちが「これはお金である」と信用して初めてお金として存在し得る、どちらかというと、お金は「頼りない」存在なのです。お金に対しては、永続的に価値を持った絶対的なものである、という思い込みをやめ、**一歩引いて客観的に考えられるような、少々ドライな距離感を持つことこそが、長い人生をお金と冷静に付き合っていく**ために必要なのではないでしょうか。

お金があれば幸せになれる？

「お金があれば幸せになれるか？」

この問いかけの前に、まずは「お金があると、どんないいことがあるのか」、について考えてみましょう。

お金があると、どんないいことがあるのでしょうか。車を買う、映画を観る、バーで酒を飲む、旅行に行く――。人によって、頭に思い浮かべることは違っても、そのどれもがお金があると可能になることです。

お金があるということは、**「自由を拡大する手段がある」**ということです。

もちろん、その中には、お金がなくても叶うものもあれば、お金があったからといって必ずしも叶うわけではない欲求もあります。

たとえば、誰かに一目ぼれしてお付き合いをしたいという欲求を持ったとします。この場合、あなたが無一文であっても、告白してうまくいく可能性はもちろんありますし、反対に、大金持ちであっても振られることだってあり得るわけです。

しかし、あなたがお金を持っていると、プレゼントを買って贈ることができます。また、首尾よくデートまでこぎつけた場合には、多少なりともお金が必要となってくるでしょう。電話やメールで連絡をとるにもお金はかかります。現実的な問題として、この場合、**お金があることにより欲求が叶う確率が高まる**ことは認めざるを得ません。

また、これら自分の直接的な欲求のためにお金を使うこと以外にも、他人に対し、その人によくしてあげたいという欲求のためにお金を使うことも、お金があることで可能になる重要な「自由」の一つです。

お金があると不幸を避けられる

「お金があるといいことがある」。加えて、**「お金があると、よくないことを避けることができる」**という点も重要です。お金があると、全部ではないにしても多くの不幸を避けることができます。人によっては、こちらの方をより切実に感じるでしょう。

たとえば、お腹が空いているのに食べるものがない。凍えるような冬の日に、寒さから身を守るコートがないといったものから、もっと切実な場合では、ケガや病気になった場合が考えられます。自分や大切な家族がケガをしたり病気になったりしたとき、入院するにも、通院や投薬治療を受けるにも、現実問題として、お金が必要になります。

お金があるとどんないいことが？

自由がふえる
プレゼントを贈れる
不幸を避けられる
お腹が空いたら食事をとれる

現実問題としてお金で解決できる場面は多い

ただし、病気やケガは人が避けたいと思う不幸としてイメージされやすい事柄ですが、理由は後で説明しますが、たいていの人は民間の医療保険（がん保険など）には入る必要がないし、入らない方が得なので、早まってこうした保険に入らないでください。

　お金を得る手段を失うというダメージに加えて、精神的なダメージも少なくはないことを考えると、失業も大きな不幸の一つです。それでも、当面の生活を支えるお金と、自分が再出発できるようになるまでに必要なお金があれば、そのダメージは小さく抑えられるでしょう。

お金があっても「安心」が大きくならない場合もある

「お金は、ないよりあった方が安心だ」ということは、感覚として誰もが納得できることでしょう。

一方で、このことが必ずしも絶対ではないことも、また事実です。実際、お金があることによって新たに「不安」が生まれる場合もあり得ます。残念ながらお金というものは、**たくさんあるほどに「安心」も大きくなるというものではなく、たくさんのお金を手に入れた人は、次に、そのお金が減ったりなくなったりしたらどうしよう、という新たな不安を抱える**ようになります。

手に入れたお金を誰かに盗まれてしまわないだろうか。インフレや法制度の変更で、お金の価値が損なわれることはないだろうか。お金の運用は間違えていないか、世間一般くらいにはふえているのだろうか。また、株式を買えば、株価が買い値から下がらないか気が休まらず、不動産を買ったら地価の下落を心配して過ごす、といったように、お金や資産があることによる悩みの種は尽きません。

そうでなくても、たくさんのお金を持っているだけで、そのお金を狙って近づいてくる人間にだまされる可能性も飛躍的に大きくなります。「お金を寝かせておくなんてもったいない」「私に預けていただければ、もっと有利にふやすことができますよ」などと言い寄ってくる人の相手をするのもわずらわしいし、気づかないうちにだまされているのではないかと、年中心配して過ごすことは、幸せな人生とはとても言い難い。

さらに、お金に対する不安や心配については、その多寡による影響以外に、個人のその時々の感覚によっても大きく変わってきます。

学生の頃は、財布に一万円札があれば何となく安心していた人でも、社会人として経験を重ね、仕事の上であったとしても数十万円から数百万円といった金額を扱うようになると、財布の中に一〇万円入れていたとしても多すぎて不安だとは感じなくなります。

また、「たくさんのお金」に対する感覚は、当然ながら、その人自身が稼いだり扱ったりするお金の量によって変わってくるものです。同じ金額でも、大金だと感じたり、はした金でしかなかったりするのは、そうした経験によるものです。

他にも、手持ちでいくら持っているのか、全資産のうち、すぐに換金できる資産はどれくらいあるのか、来月の収入見込額あるいは支出予定額はどれくらいなのか、といったことでも、心配の度合いは変わってきます。

だいたいの場合、お金はないよりあった方が安心ですが、**お金がたくさんあるほどに幸福度や安心も比例して増していくものではない**、ということです。

お金があれば幸せになれるか

ようやく本題までたどり着きました。

この質問に結論を答えるとすれば、**「お金『だけ』では、幸せになれません」**というべきでしょう。さらに、**「とはいえ、お金で避けられる不幸が多いのも、現実です」**と付け加えると、まあまあ模範的な解答ではないでしょうか。

近年、人に幸福度合いを直接質問して、その答えの変化などを複数の要因で説明しようとする「幸福の経済学」とでも呼ぶべき研究分野があります。この種の研究によると、人の幸福感を説明する要素として、お金（所得や資産）は影響力のある要素ではあっても、必ずしも支配的な影響力を持つとまではいえないことが分かっています。お金がふえることは、「他の条件を一定とする」と、確かに幸福感を増進させる要因にはなりますが、幸福度を決めているのは、自分が持っているお金の増減だけではありません。他人とどのように関わっているか、日々どのように生活しているか、他人の経済力と自分の経済力の相対的な関係がどうかといった、複雑な（同時に興味深い）要因に人間の幸福感は影響されています。

おそらく、**私たち現代人が「幸せ」を感じるためには、健康、知識、人間関係、さらに**

お金があれば幸せになれるか?

現実問題としてお金で解決できる場面は多い

ただし、

お金がたくさんあるほどに幸福度や
安心も比例して増していくものではない

盗まれたら
どうしよう…
株価が
下がったら
どうしよう…

「幸せ」を感じるためには

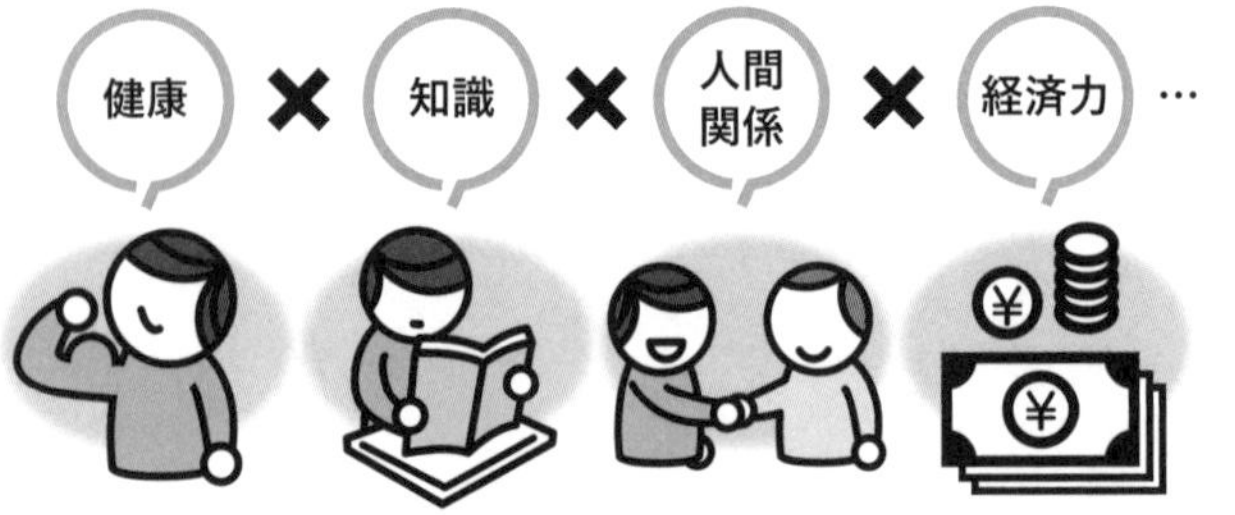
健康
×
知識
×
人間
関係
×
経済力
…

様々な要素が必要

「お金は幸せに関わる要素の一つである。
ただし、それ以上でも以下でもない」
という感覚を身につける

経済力のそれぞれが必要なのでしょう。経済力も含めて、幸せに関わる主な要素は、一つが完全に欠けると、A×B×C×D×……の掛け算の結果がゼロになるような要領で、幸福感をゼロにしてしまう影響力があります。

生身の人間の人生には、バランスが必要です。「**お金は幸せに関わる要素の一つである。ただし、それ以上でも以下でもない**」ということを、感覚として身につけることが、お金との理想的な付き合い方につながります。

お金をどう扱うのか

本書では各章ごとのテーマを通して、最終的に、お金とどう向き合い、どう付き合っていくといいのか、みなさんが考える手助けになることを目指しています。しかし、実際には、どう向き合うかの前に、そもそも**「お金から目を背けない」**ということについて、もう少しお話が必要かもしれません。

お金が「自由」であることの一つとして、それを誰のためにどれくらい使うかも自由に決められる、ということはすでにお話ししましたが、それはすなわち、持っているお金を全額自分のためにだけ使うことも、見ず知らずの他人に惜しみなく使うことも、その人次第であるということです。自分のためにばかり使うことを悪いというつもりはありませんが、**お金には、その使い方からその人の「人間性」が分かってしまう**、という面白い性質があります。

たとえば、友人たちと食事に行った場面を想像してみましょう。楽しい会話と美味しい食事を終え、いざ支払いとなったとき、あなたはどんな行動をとるでしょうか。いきなりスマートフォンの計算機アプリを起動して一円単位まで割り勘にする人、大雑把な金額を適当に徴収しておつりをさらに適当にみんなに配ってすませる人、「俺が払ってやる」と全員の注目を集めてから財布を取り出す人、トイレに立ったついでにこっそり支払いをすませてしまう人、逆に誰かが支払ってくれることを期待してトイレに立つ人――。いろんな行動が考えられるでしょう。

どれが正しくてどれが間違っている、ということではありません。あまり勘定に細かいのも嫌がられそうですが、大雑把過ぎるのもときに問題です（この場合、誰かが目に見えて損をしているという可能性があります）。対等な立場である友人たちに対して、強引に自分が支払って恩を着せるような行動も感じが悪いことがありますし、気を利かせて先に支払いを済ませておくのも、友人が支払うつもりでいた場合には何となく気まずくなってしまうことがあるかもしれません。

お店を選ぶときや、料理を注文するときにも同じことがいえますが、自分のやり方を押し付けるというのは、自分が支払う場合であっても、スマートさとは程遠い。結局は、友人たちとのバランスを考えて、みんなが納得できることを確認したうえで行動するとよいのでしょう。お金を支払うという、それだけのことであっても、気持ちのよい払い方とそうではない払い方があるということです。

収入と支出のバランスをとろう！

ただし、このお金の扱い方も、ビジネスの場においては事情が異なってきます。

日常の個人的な付き合いにおいては、一円でも損をしたくない、お金になるのなら多少の労苦は惜しまない、といった露骨な姿勢は、ときに「がめつい」という印象を周りに与えることがあります。そしてこの「がめつい」は、往々にして悪印象を与えることでしょう。しかし、ビジネスの世界においては、必ずしもそうだとは言い切れません。

ビジネスで成功するような人物には、お金に対して「執着」に近いまでの感情を抱き、今年一億円稼いだら、来年もその一億円をキープできたら上出来などとは考えず、次は二億円、その次は一〇億円、と稼ぐことに貪欲であり続けることのできる人の方が多いようです。稼ぎへの執着と同時に、支払いに対しても並々ならぬ「ケチ」であることも付け加えてよいでしょう。

特に、社員や株主の取り分まで稼がねばと考えている社長においては、お金への執着は生半可ではないことが多い。「がめつい」ことを恥だと思う、あるいは、そうまで思っていなくても、ぼちぼち自分が暮らしていけるだけのお金で十分だと考えるような経営者のもとでは、会社は大きくなりにくいし、傾きやすいのが普通です。この場合、人間的な魅力や好感度について問題はあったとしても、お金の扱い方として、「がめつい」ことは決して間違っているとはいえないでしょう。

これは、本書の読者では最多層であろう普通のサラリーマンにとっても同じです。たとえば、転職の場面においては、給料や待遇の条件についてしっかりと交渉することが大切ですし、会社の中にいても、自分の仕事の成果に比べて給料が上がらないと感じたのなら、何らかの改善を考えるべきです。それは決して「がめつい」ことでも悪いことでもありません。プロとして当然の感覚として持っていてほしいと思います。**経済の仕組みの中で生きている以上、自分の労働はどれだけの経済価値があるのか、**ということには常に敏感であるべきなのです。

稼ぎ方に対しての感覚と同様に、自分自身の支出についても意識しましょう。

当然のことながら、収入を超えるような支出をしていれば、生活が成り立たなくなります。まずは、**自分が毎月どれくらいの収入を見込めるのかを知り、それに対し、毎月これくらいなら使っても大丈夫だろう、という収支のバランス感覚を養うことが大切です。**後の章では「投資」をテーマにお話ししますが、この場合でも、自分の資産状況を把握した上で、どれくらいまでなら資産を投資に回せるのかを決めることが、投資を始めるとき、最初に行うべきことの一つです。

お金をどのように扱うのか、また収入と支出のバランスをどうとるのか、これは、社会人になったばかりの新入社員であっても、経験を重ねたサラリーマンであっても、大切な問題であることに変わりはありません。

お金の話をタブーにしない

日本人は、とかくお金の話をすることを「タブー」だととらえる傾向があります。先ほどの「がめつい」と思われることを嫌がることも、根本的な考え方としては同じでしょう。

会うたびに何円儲かった、損したという話ばかりする人や、初対面でいきなり相手の収入を尋ねるような人は、確かに話していて楽しいとはいえませんし、感情として「下品だ」と思う人も多いでしょう。この感覚が全面的に間違っているとは決して考えていませんが、お金を「汚い」ものだと決めつけて、心理的に大きな距離を置いてしまうようになると、それも、問題です。

お金の話題を避け、お金と向き合うことから目を背けてしまうと、必要な知識のないまま、お金について無防備な状態で世の中にさらされてしまう危険性があります。

一方、お金は数字というデータにしてその多寡を比べることができるために、気づかな

お金と向き合う前に知っておきたいこと

ビジネスでは「がめつい」ことは当然のプロ意識

- 稼ぐことに貪欲な人しか成功できない

収支のバランス感覚を養っておく

- 資産状況を把握し、いくら投資に回せるかを決める

お金の話をタブーにしない

- 無知や無防備は、自分や他人も傷つけてしまう

いうちに、全ての物事に対してお金を基準にして考えるようになってしまう恐れがあります。うっかりすると、人間の価値までお金に換算できるのではないかと考えてしまいかねません。

お金に対して無知であったり無防備であることは、自分だけではなく、場合によっては他人をも傷つけてしまうことがあります。

本書の読者のみなさんには、お金から目を背けず、適切な距離で向き合い、これを使いこなしてほしい。私はそう強く願っています。

お金と付き合うための三つのポイント

お金だけでは幸せにはなれないとしても、お金が幸せの役に立つことは間違いありません。本章の最後に、お金について忘れてはいけないポイントを三つ挙げます。

ポイント❶ お金は「備え」になる

お金は、何時《いつ》でも、何にでも使えるので、将来の備えになります。欲しいものの全てがお金で買えるわけではありませんが、**お金の形で「備え」を持っていると、将来、これを必要なものに替えることができる**という点は重要です。

小学生時代に、私は天文少年でしたが、ある時、一つ年上の天体観測仲間からこんな質問をされたことがあります。「流れ星が流れている間に願い事を言うと、それが叶うといわれている。ヤマザキは、流れ星が見えたら、何て願うの？」と彼は訊きました。私は、

「星が流れている時、すぐには思いつかないなあ」と言ったら、彼は勝ち誇ったようにこう言ったのです。「俺はねえ、『カネ、カネ、カネ！』って言うんだ。カネがあれば、使い途は後で決めたらいい」。天体望遠鏡を買うお金を新聞配達で稼いだ苦労人の友達だっただけに、「なるほどそうか」と、心の中で兜《かぶと》を脱いだ記憶があります。

お金（金融資産）は、後からいろいろな目的に使えるので、「備え」になります。たとえば、後の章で、ある程度の貯蓄を持つと、生命保険が不要になることについてお話ししますが、この場合も、お金が「備え」となって、保険という「損な賭け」に参加せずに済むようになります。

ポイント❷ お金は「手段」であり、「目的」ではない

お金を全面的に人間評価の価値観にしてしまうと、不幸の原因になりかねません。**お金は、所詮「手段」なのです。「目的」ではありません。**

油断すると、お金は「手段」の分を超えて、「目的」の座を狙うことがあります。たとえば、平均的な人よりも多く稼いでいることを自慢したい気分を持つ人は、裏腹に、自分よりも稼いでいる人に対して劣等感を持つことになるでしょう。

様々なものがお金で評価できるという事実や、また、自分が大きなお金を稼いでいると

いう事実からは、単純な経済ロジックでは、お金を支払う他人に対して自分が大きな貢献をしているからだと考えることができます。この時、お金を相対化できる価値観を持っていないと、お金で自分も含めた人間の価値を測るような考え方に支配されてしまいます。これが、拝金主義の罠です。かくして、一億円の稼ぎに優越感を持つ人は、二億円稼ぐ人に対して劣等感を持つということになります。ツマラナイ話ではありますが、お金が単なる「手段」であることを忘れた場合の落とし穴といえるでしょう。

ただし、この種の拝金主義を、一つだけ弁護しておきます。

本人が稼いだお金でその人の達成度合いを評価するというルールが仮にあるとすると、このルールは、たとえば家柄や国籍・出身地、あるいは、組織（会社・官庁・宗教など）の中での地位などで人を評価しようとするルールよりはフェアであり、「まし」であることが多いのではないでしょうか。

お金をたくさん稼いだ人に対して、「よくやった！」と素直に褒めてやるくらいの気持ちは世間的にもっとあってもいいのではないかと思っています（その人間が立派だ、ということではありません。仕事を褒めるのです）。

ポイント❸ お金はそれ自体で新たなお金を稼ぐことができる

お金は、その持ち主が別のことをしている時でも、投資を通じて経済活動に参加できます。たとえば、同じ仕事をして同じ収入で同じような生活をし、共に五〇〇万円ほど持った人が二人いるとします。一人は五〇〇万円を現金の形のままタンス預金していて、もう一人は五〇〇万円を株式・債券・預金等何らかの運用に振り向けているとすれば、後者の人の方が、将来経済的に豊かに暮らしている可能性が大きいでしょう。**お金は、適切な場所に置いておくと、それ自体が新たなお金を稼ぐことを期待できるという性質を持っています。**また、この稼ぎは、持ち主が働いて稼ぐ稼ぎとは別の場所で、本人の活動とは別に生じる、「プラスα」の収入なのです。

お金との付き合い方を学ぶゴールとは

「吸った息を吐く」ようにお金と自然に付き合うためには、まず、「**お金が不足しない状況をつくる**」。そして、「**持っているお金については、心配しないで済むような対処法を覚える**」。この二点が重要です。その上で、最後に「**お金のことが気になり過ぎないように暮らす心構えを持つ**」ことも忘れてはなりません。

お金との付き合い方を学ぶゴールとは、安心してお金のことを忘れられる人生に他なりません。

お金と付き合うための3つのポイント

ポイント 1　お金は「備え」になる

お金の形で「備え」を持っていると、将来、
これを必要なものに替えることができる。

ポイント 2　お金は「手段」であり、「目的」ではない

お金を全面的に人間評価の価値観にしてしまうと、
不幸の原因になりかねない。

ポイント 3　お金はそれ自体で新たなお金を稼げる

適切な場所に置いておくと、それ自体が新たな
お金を稼ぐことを期待できるという性質を持っている。

2
限目

収入と支出のバランス感覚を身につける

稼ぎと「人的資本」を豊かにする

まずは稼ぎの多寡が大きな影響を与える

お金との付き合い方を考えるとき、その大部分を占めるのは**「稼ぐ・貯める・使う」**の三つの要素です。なかでも、特に大きな資産を持っているわけでも、借金を背負っているわけでもない「普通の人」が、経済的に豊かな生活を手に入れようとした場合、最も大きな影響を与えるのは、**どんな仕事についてどれだけ稼ぐか**、ということでしょう。

比較の対象をサラリーマンに絞るとしても、生涯収入約五億円といわれるような会社もあれば、正社員でもこの三分の一にも満たない会社があるし、いわゆる非正規雇用で一生働いても収入一億円に届かないケースもあります。一年当たりの金額の差に換算すると、典型的には数百万円クラスの差がつくのが現実です。

また、二〇一八年からのいわゆる「働き方改革」の流れで、政府はサラリーマンの副業について「原則容認」に舵を切りました。本業の給与所得に加えて副業による収入があれば、それだけ経済的な余裕につながります。筆者は副業歴は20年以上（ちなみに転職12回）と、大手企業やベンチャー、シンクタンクなど、様々な職場や仕事を並行して経験してきましたが、こうした職の流動性を確保できるかどうかは、「長く働く」という点でも重要です。サラリーマンとしての職と最低限の収入のリスクヘッジを確保した上で、どれが本業でどれが副業かが分からない、いわば「複業」状態に移行することは、「人生百年時代」を生き抜くプランとしても有力だと考えています。

加えて、配偶者がいるのなら、共働きかどうかでも生涯を通じて大きな違いにつながります。共働きに関して付け加えると、世帯全体の稼ぎがふえるということの他に、家計のリスク管理の上で強力な効果があります。夫婦双方に収入があれば、どちらかが亡くなったり、病気で働けなくなったりした場合でも、生活を立て直すことが容易です。また、生命保険料は大きく節約できるはずです。**共働きには、それ自身が保険だ**といえる面があります。

最も大きな資産は「人的資本」

稼ぐことに関連して「人的資本」という言葉を紹介しましょう。人的資本とは、**一人の人間が将来において稼ぐと予想される収入を、リスクも考慮した上で現在の価値に換算して評価した金額として計算される、いわば「個人の株価」のような概念です**。生涯所得で三億円稼ぐと予想されるような会社に勤めるサラリーマンで、健康な若者であれば、少なく見積もっても現在価値で一億円以上の人的資本を持っているといえるでしょう。継続的に収入を期待できる人は、金融資産以外に小さからぬ経済価値を、人的資本の形で持っていることが多い。

この人的資本を効果的に大きくするためには、前にも述べたとおり、一つの会社の枠組にとらわれずに、人材市場での自分の人材価値を高める努力をすることが有効です。今や、会社に自分の将来の全てを委ねてしまうことは、安全でも効率的でもありません。「会社頼みの働き方」は時に危険であり、しばしば非効率的でもあります。かつては盤石と思われた会社でも絶対安心とはいえないことは、山一證券や日本航空など、過去の多くの企業破たんの事例が教えてくれます。どんな会社であっても、その将来はわかりません。そして、それは一社員でしかない私たちにコントロールできるものではないのです。

自分の人材価値を高め、人的資本を向上・維持するために必要な要素として、ある仕事について、**「仕事ができる能力」**と**「能力を仕事に活かした実績」**それに、**「今後、能力を使うことができる時間」**の三つがあげられます。

「時間」は特に大切な要素です。能力を磨くにも、実績を作るにも相応の時間が必要になりますし、ここに時間をかけすぎると、三つ目の「能力を使うことができる時間」が足り

人的資本を向上・維持するために必要な要素

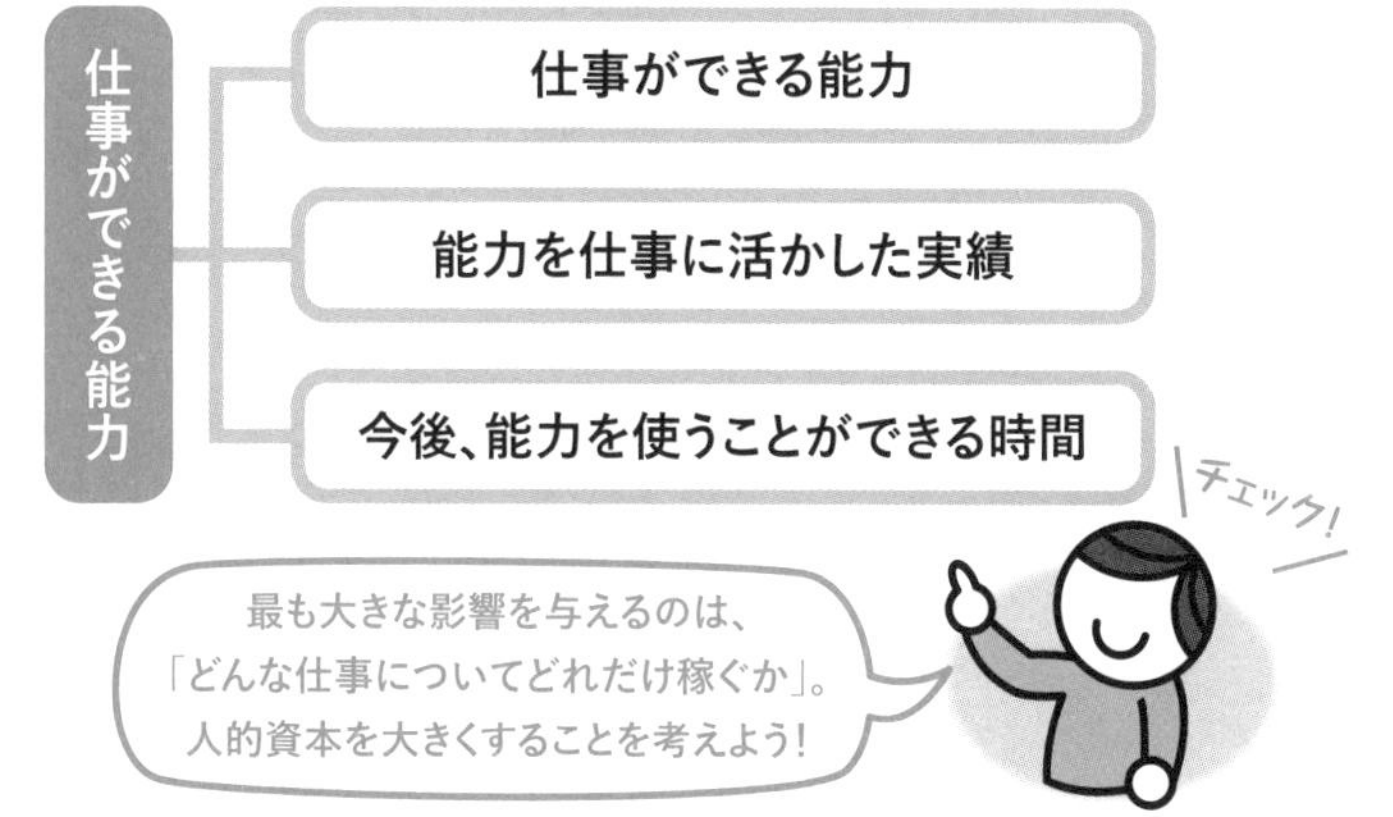
仕事ができる能力
仕事ができる能力
能力を仕事に活かした実績
今後、能力を使うことができる時間
チェック!
最も大きな影響を与えるのは、
「どんな仕事についてどれだけ稼ぐか」。
人的資本を大きくすることを考えよう!

なくなります。また、能力と実績が同じくらいならば、その能力を発揮できる時間の多い、年齢の若い人の方が雇う側から見た人材価値が高く、人的資本も大きくなります。若い頃からのキャリア・プランニングが重要になるのは、このためです。人的資本は、収入がふえると価値が上がる一方、年齢が上がると稼げる期間の残りが減るので減少する傾向があります。

古くより「**稼ぐに追いつく貧乏なし**」と言われる通り、**豊かな生活を得るためには、まずは稼ぎをふやすことを考えるべきです**。そのための戦略と計画が必要です。

若い人の場合、単に節約に励むよりも、自分の人的資本の向上を目指すことに注力した方がいい場合が多いでしょう。

貯蓄の習慣が差をつける

稼ぎ以外にお金をふやす近道は何か

豊かな生活を送るためには、第一にお金を多く稼ぐことが有効であることは間違いありません。収入の多い方が、より豊かな生活を送れるということに異論はないでしょう。

しかし、たとえ同じ収入の人が一〇人いたとしても、その生活の様子は一〇人それぞれでしょう。その収入で豊かに暮らしている人もいれば、毎月を綱渡り的な資金繰りでなんとかやり過ごしている人もいるかもしれません。

収入の多さは、豊かな生活を送るための重要な要素ではありますが、それだけで全てが決まるわけではありません。私は、多くの人を観察してみた結果、お金が貯まるかどうかについていえば、**収入の多寡に迫るか、時にはそれ以上の重要性で、お金に関わる生活習慣が、大きな影響を与えている**と思うようになりました。

具体的な例で考えてみましょう。

稼ぎ意外でお金を増やす近道は貯蓄

1年間に50万円ふやしたいとしたら

投資をする場合もある程度貯めておくほうが有利

給料が手取りで二〇万円、貯金が一〇〇万円という人が、本業の稼ぎ以外で一年間に資産を五〇万円ふやそうと考えた場合、どんな方法が最も現実的でしょうか。

様々な方法が考えられます。株式やその他の金融商品に投資してふやすことを考えた人もいるでしょう。しかし、この例のように元本が一〇〇万円と小さい場合、一年で五〇万円を得る、すなわち年率五〇%の利回りで運用することは、不可能に近いでしょう。昨今の金利水準で、現実的なリスクの範囲内で運用したとして、一年で五〇万円の運用益を見込むには、楽観的に見積もっても元本として一〇〇〇万円程度のお金は必要です。

しかし、これを投資ではなく、毎月の給

料からの貯蓄によってふやすとなると、それほど難しい話ではありません。五〇万円を一二カ月で割ると、一カ月あたり四万円強を貯金することで可能です。ボーナスがあれば、毎月さらに少ない金額で達成できるでしょう。

付け加えると、投資によってお金をふやそうと考えた場合でも、元本が大きい方がはっきりと有利です。先の例では、元本が一〇〇万円しかないために年率五〇％というとんでもない利回りが必要になってしまいますが（分かりやすく税金を無視して計算すると）、この人が仮に一〇〇〇万円持っていれば年率五％、五〇〇〇万円だと年率一％の利回りで、五〇万円の運用益を得られることになります。

投資を考える上でも、先にある程度のお金を貯めることは、十分に考慮すべきファクターの一つです。

先に貯めて残りで暮らす「天引き」法

それでは、実際に、どうしたらお金を貯められるのでしょうか。

実は、私自身が典型的にお金の貯まらないタイプであり、あまり偉そうなことを言える立場にはありませんが、計画的にお金を貯められるかどうかによって生じる貯蓄額の差、ひいては、運用による利益の差は決して小さくありません。

お金の貯め方については「定説」といわれる考え方があります。それは、収入から支出を引いた残り、つまり、日々の生活に使ってなお余ったお金を貯蓄に回すのではなく、**給与などの収入から一定の金額又は割合をあらかじめ「天引き」して貯蓄し、残ったお金を生活費にする**、という考え方です。この生活費には、娯楽費や交際費も全て含まれます。

実感として、これくらいしないと、なかなか満足のいくペースでお金は貯まらないものですし、この「天引き」法が有効であることの根拠は、「行動ファイナンス」と呼ばれる、認知心理学の成果をファイナンス研究に取り入れた研究分野からも説明が可能です。

人は、自分の行動について何らかの判断を行うとき、常に合理的な選択を行っているわけではありません。たとえば、美容と健康の両面から体重を減らす方がよいとわかっていても、目の前にあるケーキを我慢できずに食べてしまう。あるいは、投資家が、頻繁にある分配金収入を過大評価して、トータルでは明らかに損である毎月分配型投資信託のような商品に投資する（こちらはメリットのない単なる愚かさですが）、といったように、合理的な計算よりも心理的あるいは感情的な判断の方が勝って、結果として非合理的な行動をとってしまうことがしばしば起こります。

将来、理想の体重を手に入れることと、今、目の前にあるケーキを食べることを比べたときに、合理的には前者に大きな価値があるにもかかわらず、**現在に近い時点の（つまり**

目先の！）利益の方を過大評価してしまう、といった傾向（これを行動ファイナンスでは将来価値を現在時点での評価に割り引く際の係数をグラフ化した曲線の形が双曲線的であることから「双曲割引」と呼びます）は、人に普遍的にみられるものであり、こうした非合理的な行動が、経済においてどのような影響を及ぼすのかを研究する研究ジャンルが「行動経済学」です。

貯蓄に関していうと、自由に使えるお金が毎月二〇万円あり、そのうち一六万円だけ使うようにして、財布に残した四万円を月末に貯金するような生活では、絶えず手元の四万円を使ってしまいたくなる誘惑にさらされます。それならば、最初から四万円を天引きして貯金し、財布には自由に使える一六万円しか入れておかない方が、より確実に貯めることができるし、ストレスが少ない。

もう一つ、天引きの具体的な方法として、給与が振り込まれる銀行口座から別の口座に、毎月自動的に四万円移すように設定したとしましょう。それだけで、移した方の口座のお金には、何となく手をつけにくくなります。考えてみると、これは、合理的な経済人としてはなかなか不思議な心理現象です。

どちらの口座のお金も、共に自分のお金であるにもかかわらず、心の中で別々に評価して考えてしまう、これも行動ファイナンスにおいて「**メンタル・アカウンティング**」また

人は誰でも「目先の利益」を過大評価してしまう！

「行動ファイナンス」の「双曲割引」とは？

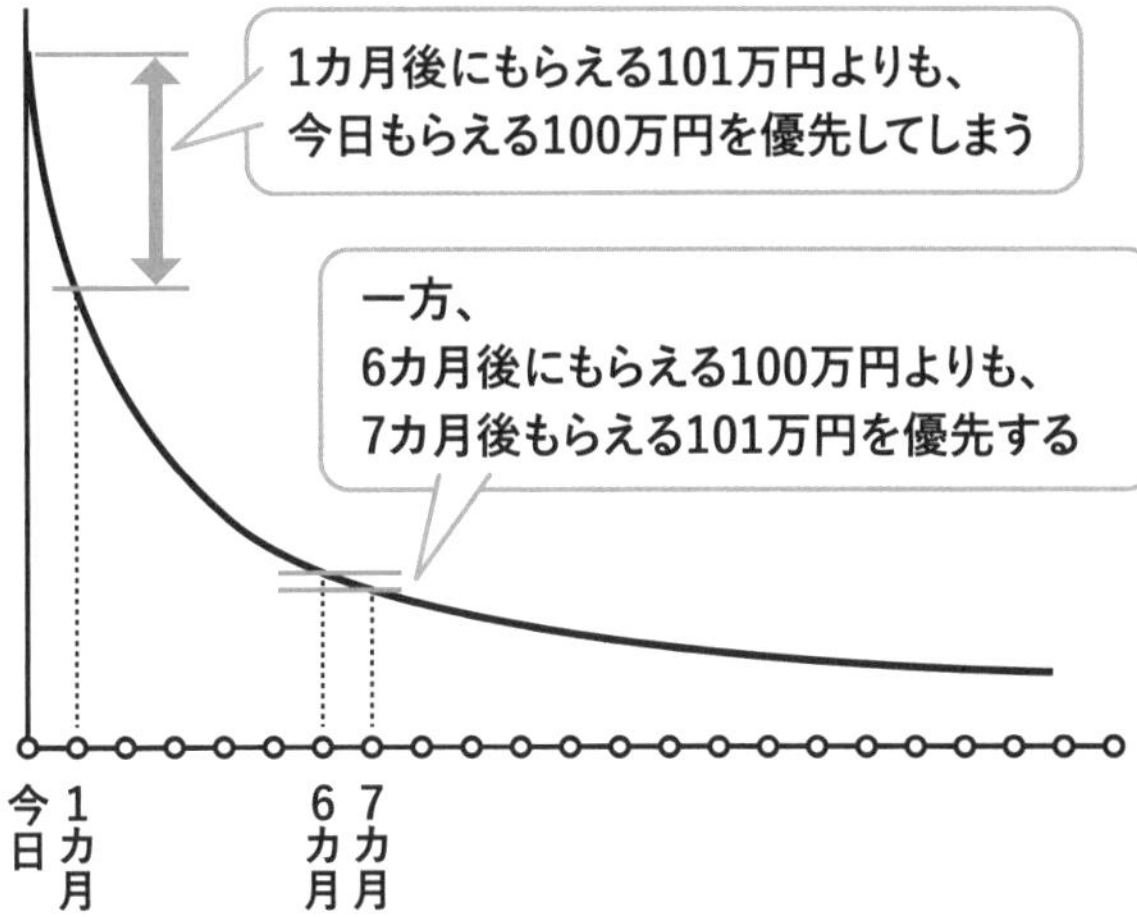
1カ月後にもらえる101万円よりも、
今日もらえる100万円を優先してしまう
一方、
6カ月後にもらえる100万円よりも、
7カ月後もらえる101万円を優先する
今日
1カ月
6カ月
7カ月

こうした「心の会計」を有効に活用した好例が「天引き」貯蓄

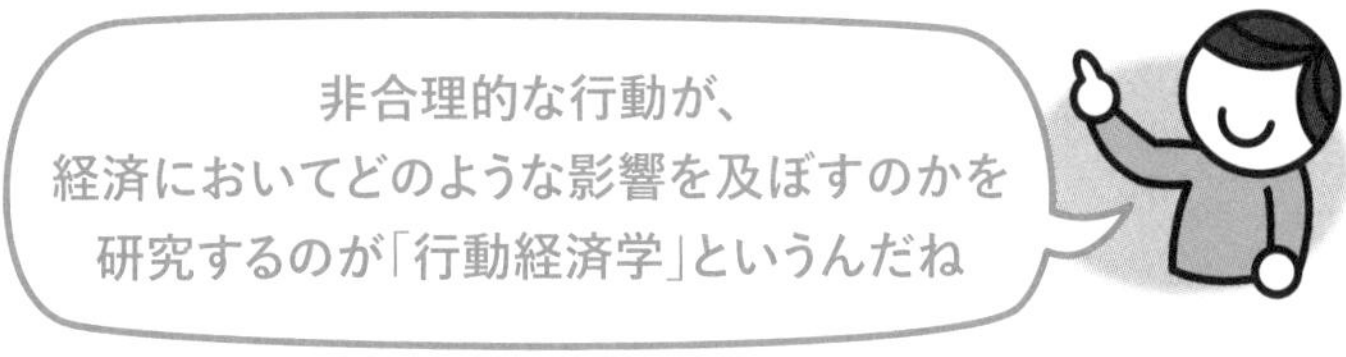
非合理的な行動が、
経済においてどのような影響を及ぼすのかを
研究するのが「行動経済学」というんだね

は**「心の会計」**と呼ばれて説明される心理現象です。

たとえば、同じ金額であれば、働いて稼いだお金も競馬で当てたお金も、同じだけの価値であるはずなのに、前者は「大切なお金」、後者は「パッと使っていいお金」といった心理的な区別をしてしまうことが挙げられます（私自身も身に覚えがあります）。しかし「あぶく銭」も給料も、合理的な「経済人」なら本来は同じお金として扱うべきものです。

メンタル・アカウンティングは、本人の損得にとって有害な影響を及ぼすこともあるやっかいな一面がありますが、天引き貯蓄にあっては、これが自己コントロールのための有効な手段として活用できるというわけです。

「現金主義」とその後

お金を使うペースを適切に管理することは、なかなかに難しい。

そのために、本書のオリジナル版でお勧めしたのが「現金主義」です。クレジットカードでの支払いを避け、できるだけ現金で支払うという、それだけのことですが、手っ取り早くお金の流れを実感するためには、有効な方法です。具体的には、**月に二回と回数を決め、銀行の口座から予定額をまとめて引き出してお金を使います。**

一回目に引き出したお金で二分の一カ月の生活をやり繰りできれば、まあまあとし、それより前に引き出したお金がなくなれば、月の後半で支出を引き締めるようにします。大きな買い物や旅行の費用は、あらかじめ予想できる支出なので、前もってその分のお金を生活費の中から捻出して貯めるようにします。入ってくるお金と出ていくお金の流れと大きさを実感することで、自然とバランスが取れるようになれば理想的です。

この方法は今でも有効だと思いますが、キャッシュレス支払いが普及した現在には少々合わない。現状では、使用するカードを絞って支出を把握する事を勧めます。使用するカードを絞ると、カードの利用明細が支出内容を記録した家計簿に近いものになるので、お金の使い方を反省しやすくなります。

また、クレジットカードの利用で重要なのは、「**支払方法を『リボルビング払い』にしない**」ことです。最近では、銀行に預金口座を開くだけでも、キャッシュカードにクレジット機能がついてくることが多いのですが、その場合でも同じです。

リボルビング払いとは、つまるところ、借金をすることであり、借金生活への入り口であるという認識を持ってください。小さい借金とはいえ、年率で十数%前後にもなる、合理的とは程遠い金利です。はっきり言って、株式の運用益などではとても追いつかないくらいの高利です。支払方法にリボルビング払いを選ぶと豊富な特典を用意されていることが多いのは、それだけコストをかけてもなお、金融機関にとって十分な見返りがあるからだということに他なりません。

テレビCMや広告等で、特に金融知識の乏しい若者をターゲットにした宣伝をしばしば見かけますが（この宣伝費だって馬鹿にならないはず！）、世の中には、このように、気軽に借金へと誘《いざな》う巧妙な罠があちこちに仕掛けられています。**金持ちからは手数料を、貧乏人からは金利を取るのが、昨今のリテール向け金融ビジネスのビジネスモデルです。**

彼氏であれ彼女であれ、リボルビング払いをするような恋人とは、今後の付き合いを考え直す方がよいでしょう。少なくとも、結婚はしない方がいい。借金に抵抗のない、経済観念のない相手と結婚すると苦労する公算が大きいし、こうした事実に気づかない、はっきり言って「頭の悪い」相手と暮らしてもつまらない。

老後の経済不安は、資産運用だけでは解決できない

「老後不安商法」にダマされないために

次に、皆さんの多くが心配していると思われる「老後の経済不安」への対策を鍵として、収入の中からどれくらい貯蓄に回せばいいのかを考えてみましょう。

実は、国内外を問わず、**「老後の不安」こそ、金融・運用業界にとって最大の「商売のタネ」**になっています。「老後にはお金が必要である。お金のない老後は心配だ」と顧客に印象づけることによって、金融・運用業界は、判断力の乏しい顧客のお金を実質的な手数料の高い商品に惹きつけてきました。

ただし、不安を煽《あお》って、その解決策であるかのように商品・サービスを売りつけることは、マーケティングの常套手段の一つであり、金融・運用業界だけが「特別に」悪いわけ

ではありません（「普通」程度には十分あくどいが）。雑誌やテレビの特集でお金の問題を取り上げるときに、まず将来の不安を煽っておいて、そこから「これらに備えるには、どんな資産運用をしたらいいでしょう?」という話の構成になっている場合がほとんどです。加えて、近年、「人生百年時代」と老後の備えが必要な事が強調され、二〇一九年には「老後二〇〇〇万円問題」が話題になり、老後のお金に対する関心が高まっています。

しかし、将来の生活に不安を持つくらいの金額しか資産を持たない人が、仮に全額を株式投資に回したところで、たいした収入にはなりません。将来の生活の経済的な不安というものは、資産運用の巧拙で解決できる種類の問題ではないのです。

現実を直視すると、この将来の生活への経済的不安という問題に対する解決策は、健康に関する問題を除くと、生涯を通じて消費をいかに平準化するのか、ということにほぼ尽きます。この場合に必要なのは、**将来の生活に必要な資金源を、現役時代にいかに蓄積するか**、ということです。つまり、自分で計画的に貯蓄しておくことに他なりません。

働き方も寿命も人それぞれですから、毎年これだけ貯蓄や運用に回せばいいと、一概にいえるものではありませんが、ここでは思考実験として一つの仮定で考えてみましょう。

まず、社会人になってしばらくは収入の少ない場合が多いので、二五歳くらいから本格的に稼ぎ始めるようになると考えて、六五歳の手前まで四〇年間働いて収入を得るとします。その後、第一線を退いて八五歳まで生きるとすると、老後が二〇年ある計算になります。仮に「働いていた時期の平均的な経済レベルの生活を老後も維持したい」と考えた場合、四〇年間の稼ぎで、その半分の年数の生活を支えることになりますから、**手取り収入の三分の一を貯蓄や運用に回して、手取り収入の三分の二の生活費で暮らせば、老後に生活レベルを落とす必要はありません。**金利もインフレ率もゼロで考えると老後の二〇年間、現役時代四〇年間の平均レベルと同じくらいのお金が使える計算です。

加えて、この想定には三つの「余裕」があります。

一つ目は、**老後の生活費がおおむね現役時代ほどは必要でない点です。**子育ては終わっているでしょうし、個人差はあるとしても、働き盛りの頃ほど食費や交際費等はかからないことが多いでしょう。

二つ目の余裕は、**物質的な生産性の進歩が見込めることです。**安価でまあまあの品質の服や、価格に比べて性能が年々向上しているパソコン、テレビなどの電化製品を見ても、技術進歩と経済発展の恩恵は明らかです。この点は、企業の努力や新興国の発展などに感謝していいでしょうし、今後も、同一レベルの物質的生活に必要なコストの改善は続くと思われます。

この点に問題があるとすれば、人が、「物質的に同一レベルの生活」に満足せずに、「社会的に同一レベルの生活」を追い、衣食住に満ち足りていても、他人と同じかそれ以上の生活レベルでないと満足しない傾向があることでしょうか。幸福感において、他人との相対比較に影響を大きく受けるということはあり得ますが、それでも、絶対値としての物質的な生活水準は、今後も改善が見込めることでしょう。

三つ目は、**先に収入も貯蓄も「手取り」をベースに計算しているため、年金の支給等の社会保障給付の受け取りを一切計算に入れていない点です。**つまり、「三分の二生活方式」において、年金は丸々「余裕」のお金となります。

いかに現在の年金制度が信頼できないといっても、年金が丸ごと全部なくなることは考えにくく、将来、実質価値で二割減、三割減、あるいはもっと年金の受け取り額が減少することは覚悟しなければならないでしょう。公的年金がある年のある日を境に、企業が倒産するごとくポッキリと折れてなくなってしまうことは、戦争に負けるか、革命にでもならない限り起こり得るとは思えません。先行き不透明でいかにも頼りない日本の年金制度ではありますが、これを「余裕」なのだと思えば腹が立つこともないでしょうし、実際にもらえる年齢になれば、有り難いと思えることでしょう。

また、民間のサラリーマンが加入する厚生年金の保険料は、税引き前収入の一八・三％まで引き上げられて、これが上限になると「一応」決められています。

老後の経済不安を解決するには？

老後に「経済的な不安」を感じる程度の
資産しかない人にとっては、
全額運用に回したとしても大した額にはならないから、
解決にならないんだね

**現実を直視するなら、
将来の生活に必要な資金源を、
現役時代にいかに徴収するかにつきる**

具体的には

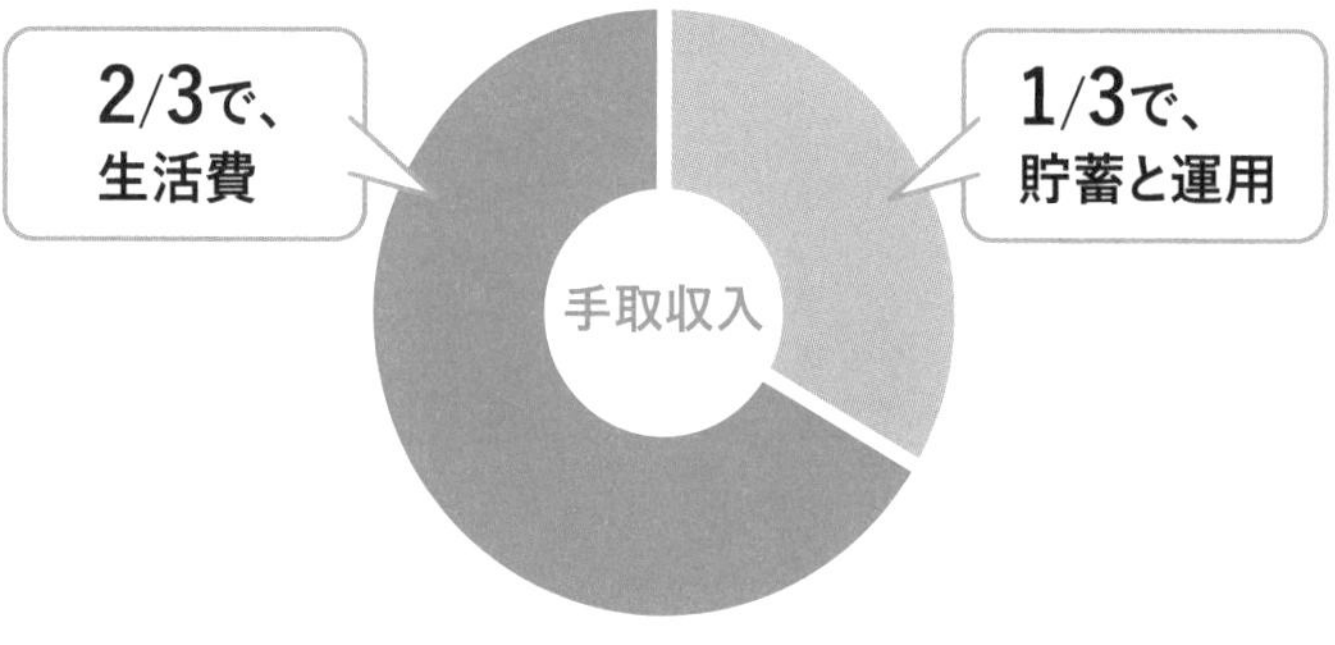

これなら、老後に生活レベルを落とす必要はない

**この想定では、年金は丸々「余裕」となる。
年金額の減少を覚悟する必要があるとしても、
「余裕」として備えておけばありがたい**

現在働き盛りの世代は、「実質価値で」現役時代の収入の一八・三%が返ってくるとは考えられないとしても、たとえば過去の収入の一〇%程度なら、年金を通じて返ってくると考えるくらいの期待を持ってもいいのではないでしょうか。

「人生設計の基本公式」で具体的に計算する

とはいえ、読者のみなさんの年収や年齢、資産や家族構成も様々でしょう。また「人生百年時代」ともいわれ、現在四〇代くらいの読者にとっては、九五歳までを想定した長い老後のほうが現実的かもしれません。自分に合った計算方法も押さえておくことが有効です。そこで筆者が提唱した「人生設計の基本公式」を紹介します。計算式は、分数の中に分数があるので、複雑な式のように感じるかもしれませんが、計算はとても簡単です。計算が苦手な人でも電卓(とメモ用紙)があれば問題なく試算が可能です。この公式で求めた必要貯蓄率を守ることができれば、老後の心配は必要ありません。

この計算式は、自分にぴったりの条件になるまで、また、変化があった時にはその都度、何度も計算し直して、条件を比べられるところに実用性があります。「老後二〇〇〇万円問題」の炎上も記憶に新しい方も多いと思いますが、いたずらに不安を煽られずに計画的な人生設計を行うのが肝要です。

人生設計の基本公式

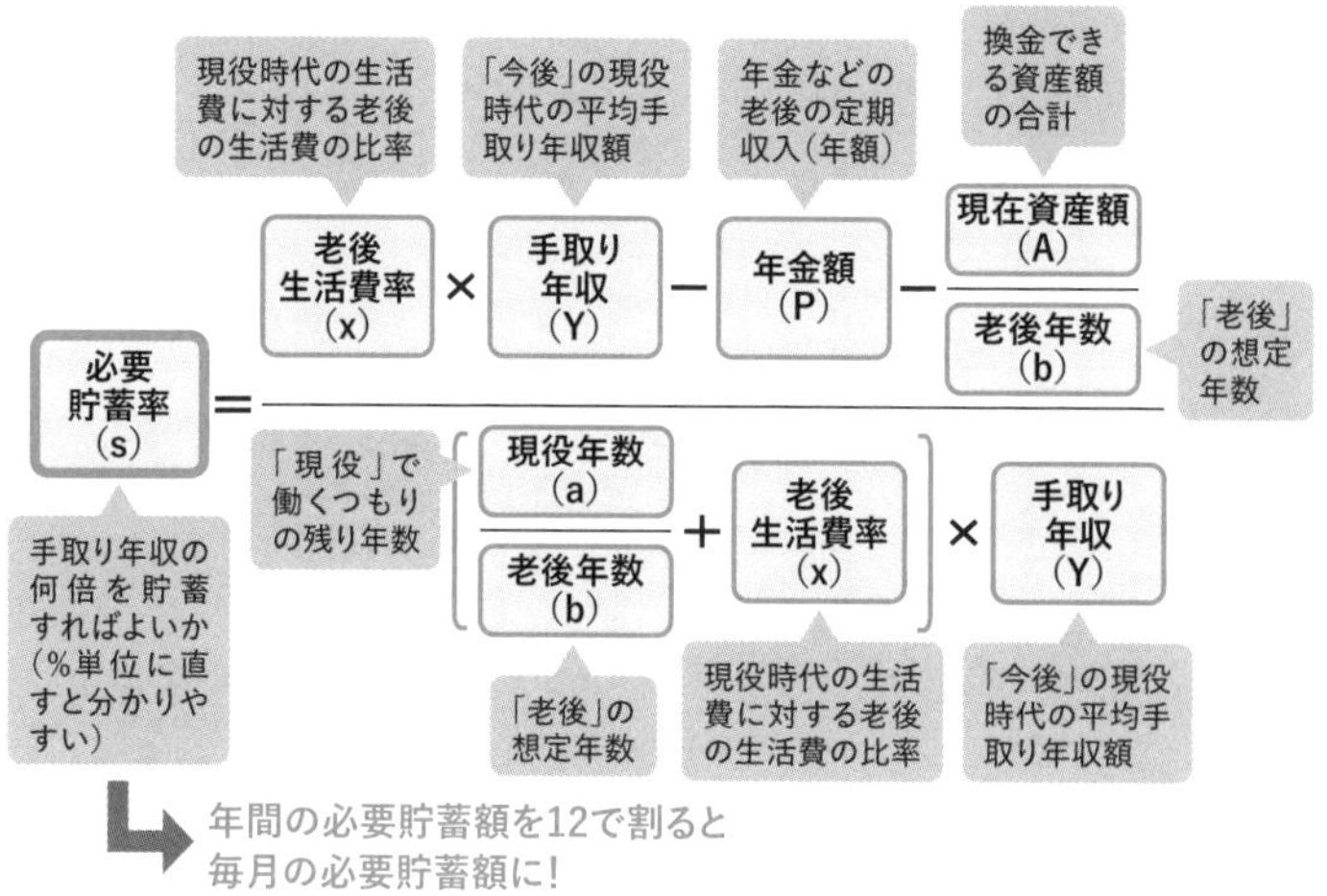

出典：『人生にお金はいくら必要か〔増補改訂版〕』（山崎元／岩城みずほ共著、東洋経済新報社）より

分かりやすくするために、三五歳のサラリーマンの平均的なケースを例に計算してみましょう。今後の手取り平均年収を三六〇万円、老後生活水準を〇・七（七〇％）、年金額が一四四万円（少し楽観的かもしれませんが手取りの四割として）、現在資産額が年収一年分の三六〇万円、現役年数三〇年、老後年数三〇年を想定します。六五歳で定年し、平均余命よりも余裕を見て、九五歳まで老後の生活が続くと想定した場合です（総務省の家計調査がこの水準）。

計算式の分子が九六、分母が六一二で、必要貯蓄率は、〇・一五六八……、約一五・六八％となりまし

35歳会社員、鈴木さんの必要貯蓄率

$$\text{必要貯蓄率}(s)=\frac{\underset{\text{老後生活費率}(x)}{0.7}\times\underset{\text{手取り年収}(Y)}{360}-\underset{\text{年金額}(P)}{144}-\dfrac{\overset{\text{現在資産額}(A)}{360}}{\underset{\text{老後年数}(b)}{30}}}{\left(\dfrac{\overset{\text{現役年数}(a)}{30}}{\underset{\text{老後年数}(b)}{30}}+\underset{\text{老後生活費率}(x)}{0.7}\right)\times\underset{\text{手取り年収}(Y)}{360}}=\text{約}15.68\%$$

た。年間貯蓄額が約五六万円、それを一二で割って、月に四・六万円となります。月収の約三〇万円から、四・六万円を貯蓄にまわした、二五・四万円で暮らせばよいことになります。

　このケースでは、リタイア時点までに、元本ベースで一六九四万円貯める計算になり、これと元々持っていた三六〇万円を合わせると、リタイア時点で老後の生活のために取り崩すことのできる金額は二〇五四万円となります。

　ただし、介護施設の一時金や葬式代は含まれないので、もう少し持っておいたほうがいいかもしれません。

　平均値とは大きく離れた人や、会社員ではないという方でも、この計算式を使

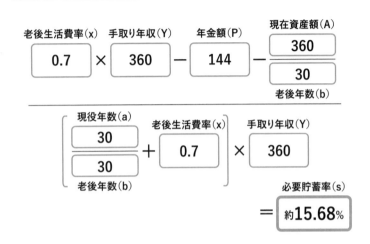

うと自分に合わせた貯蓄のイメージがしやすくなります。「自分の数字」として計算してみることが重要です。

あくまでも「自分の数字」で計算してみることが大事なのですが、一般的な目途を申し上げておくと、厚生年金があるサラリーマンの場合は手取り収入の二〇%、国民年金だけになるフリーランスの場合は三〇%くらい貯めておくと、大体老後の備えは出来ている、というくらいに考えていいでしょう。

3
限目

銀行や
証券会社と
どう付き合うか？

安全なお金の置き場所ってどこ？

銀行に預けた場合の安全とリスクを考える

たとえば、あなたが社会人になって数年が経ち、順調に収入もふえ、ある程度のお金が貯まったとします。仮にその貯蓄が一〇〇〇万円を超えるほどふえていたら、そのお金をどこに保管しますか。

現金のまま家に置いておくのは、いささか物騒でしょう。万が一、泥棒が入れば一瞬でなくなりますし、火事や地震といった予期せぬ災害で失ったり、慎重にしまい過ぎて置き場所を忘れてしまったりする心配もあります。

このお金を銀行に預けておくと、事態は少し改善します。微々たるものではありますが、普通預金でも〇・〇〇二％程度の金利がつくところもあります（二〇二一年八月現在）。元本が一〇〇〇万円なら年間二〇〇〇円程度の利息（税引き後に一六〇〇円弱になりますが）になりますし、少なくとも盗まれたり、家ごと焼けたりして消える心配は減ります。

では、銀行が焼けたらどうなるのか、という心配をすることは可能ですが、銀行にあっては、あなたのお金は、「〜さんから〇〇〇円預かっています」という電子データなので、支店の建物もろとも燃えてしまうというようなことはありません。実は、**現代の「お金」の大半は、銀行にある電子データなのだ**、というのが現実です。

もちろん、銀行預金が絶対に安全とは限りません。たとえば、アメリカでは毎年多くの銀行が経営難に陥っており、銀行の倒産は珍しいことではありません。日本でも、二〇〇五年四月から全面解禁となった、いわゆるペイオフによって、銀行破たん時に預金が一〇〇%保護されるという保証はなくなりました。事実、二〇一〇年の日本振興銀行破たんの際に、日本初となるペイオフが実施されています。

私たちが預けている預金は、たとえ銀行が破たんしたとしても、預金保険によって守られています。ただし、その範囲には限りがあり、保護されるのは、一つの銀行（複数の支店に分けて預金してある場合はその合計）に対して一〇〇〇万円までの元本とその金利までで、これを超える金額は保護の対象ではなくなりました。そうなると、一〇〇〇万円を超えるお金を、銀行に預けたままでよいのかということが問題になります。日本における預金保険の「ペイオフ」適用第一号となった日本振興銀行のケースでは、一〇〇〇万円以上を預けていた三五六〇人の預金のうち、ペイオフの対象となった金額の払い戻し率は、最終的に三九％となりました。日本振興銀行はいささか特殊な銀行のケースでしたが、今後、日本で銀行の破たんが一切ないという保証はありません。

そもそも銀行の普通預金は、日常起こり得るお金のやり取り（送金やクレジットカードの決済等）には便利で使い勝手がいい分、金利は極めて低いのです。

そこで、**銀行の普通預金はあくまで決済をするための口座と割り切り、ある程度の金額だけ預けておくようにすればよいでしょう。**具体的には、月々の生活費の二〜三カ月分程度があれば、たいていのことは事足ります。もちろん、それはあくまで目安であり、三カ月分も置いておくのはもったいないと考えて、一カ月分だけ普通預金に置いておき、ほかの余裕資金は投資に回すという考えでもかまいません。いずれにしても、普通の家計であれば、日常的に、普通預金に一〇〇〇万円以上預ける必要はないでしょう。

運用の効率の観点からも、一つの銀行に、普通預金と定期預金と合わせて一〇〇〇万円以上を置かないことは、「お金の基本」の一つだと心得ておきましょう。

この場合、支店が異なったり預金通帳が別だったりしても、意味は変わりません。「合計して」、一人一行です。銀行の規模が大きいからといって安心ということはありませんし、かつては絶対だと思われていた銀行も、取り巻く環境が年月を経ることで変わってくるので、「この銀行なら大丈夫」と言い切れる銀行はありません。「気がついたら、破たん

銀行の上手な使い方

1000万円以上預けない

いわゆる「ペイオフ」制度によって、1000万円以上の預金についての保証がなくなり、リスクがふえた。

普通預金は決済用と割り切る

日常のお金のやりとりに使い勝手が良い分金利が低い。2～3カ月分の生活費を預けるだけで十分。

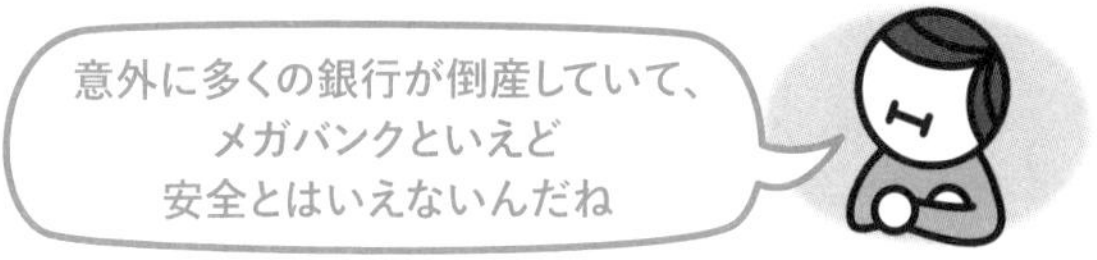
意外に多くの銀行が倒産していて、
メガバンクといえど
安全とはいえないんだね

していた」ということが将来起こらないとは限りません。

お金と安心してつき合うためには、**一つの銀行に一〇〇〇万円以上の預金を持たないと決めておきましょう。**

銀行はいかにも立派に、堅実そうに見えるかもしれませんが、経営体として決して安全といえるものではありません。

銀行は資産側に貸し出しや有価証券運用、負債側に主に預金のある巨大なバランスシートを持っていますが、バランスシートが巨大であるが故に、これがいったん傾くと修復が難しくなります。大手銀行といえどもこの事情は変わりません。

銀行預金より安全な運用を考える

次に考えることは、それ以上のお金、特に一〇〇〇万円を超えるようなお金を安全に保管できる場所はどこか、ということです。

選択肢の一つとしてよく紹介されるのは、複数の銀行に分けて預けることです。一行につき一〇〇〇万円未満の預金であれば、確かに預金保険で全額元利が保護されます。一つの方法として預金の利率がいいネット銀行を一人一行一〇〇〇万円の範囲で利用する手がありあります。連携しているネット証券を使う時に便利な場合もあります。

しかし、率直にいって複数の銀行を使い分けるのは管理が面倒になりますし、また、お金の置き場所として預金口座をいくつも持つのは気が利きません。せめて定期預金にと思ったところで、定期預金の利息も決して魅力的な水準とはいえない場合がほとんどです。

複数の銀行に分けて預けるのは面倒、だからといって、投資等のリスクに手を出したくはない、そんな人は「預金よりも安全なお金の置き場所」として、「個人向け国債（変動金利型10年満期）」について知っておくとよいでしょう。

■個人向け国債（変動金利型10年満期）

国債をなぜ安全だと考えるのでしょうか。その根拠は国の信用力にあります。国家が債務を保証するという点で、国内の金融機関や事業会社等の債務よりも、直接的に国の債務である国債の方が、相対的に優位な位置付けにあると考えることができます。国は必要があれば税金を徴収することができますし、中央銀行に国債を買わせることも可能です。一方、銀行であっても大企業であっても、国内の会社は日本国の債務である日本円でお金を保有し、決算を行い、日本の法律の下で営業しています。

日本国の財政が破たんする心配はないのか、という問題はなかなか難しい問題ですが、「国の債務は確かに大きいが、破たんまではかなり遠い」と考えておいていいと思います。

一つには、日本には預金、保険、年金など、日本円建てで安定した利回りで運用したいと金融機関が考える資金が潤沢にあります。その割には、米国などと比較すると、社債や不動産担保債券のような債券の市場が十分に育っておらず、政府が発行する国債が一手にこのニーズに応えている、といった状況にあります。従って、買い手が多いせいで、国債の利回りは先進国で突出して低く、しかも、**日本国の通貨である円は、目下、世界の金融市場が混乱するようなイベントがあった場合に「安全通貨」として買われるような相対的地位にあります。**また国債の保有者の九割程度が国内居住者であり、かつてのギリシャのように、外国人投資家が手を引いて国債の買い手がいなくなるというような状況が起こる心配も少ない。一般に国の債務が過大になった場合に起こる弊害は、長期金利上昇、インフレ、通貨安ですが、日本の場合、長期金利は最低レベルですし、インフレと通貨安（円安）は、むしろ経済政策でその方向を目指しているのが現状です。もちろん、「将来とも、日本国債は大丈夫だ」などというつもりは、私にはありません。「国」というものは、きわめて当てにならない主体です。しかし、内外を問わず銀行を信じ切ったり、怪しい資産保全の方法（海外の口座や不動産への資金移転など）に頼ったり、金などを買ったりするよりは、当面、日本の個人向け国債は安心な運用対象です。

ここで、個人が購入できる国債について、まずは簡単にご説明しましょう。

個人が購入できる国債には、大きく分けて「**新型窓口販売方式国債**（以下、**新窓販国債**）」と「**個人向け国債**」の二つがあります。

細かな違いは、財務省のホームページに詳しい比較が載っていますので、ここでは省きますが、新窓販国債が、通常発行される国債を金融機関の窓口で買えるようにしたものであるのに対し、個人向け国債は、文字通り、個人が購入しやすいように初めから設計されたものである点が大きな違いです。

たとえば、満期を待たずに途中で換金したくなった場合、新窓販国債は、国による買取制度がないため、市場で売却するしかありません。その時々の市場価格によっては、売却損（金融状況によっては売却益の可能性もあります）が発生し、元本割れする可能性がありま す。一方、個人向け国債は、国による買取制度が用意されており、元本が保証されています。発行から一年は、原則として換金できませんが、それ以降はいつでも、受け取り済みの利息の中からペナルティ分を払えば、換金することができる仕組みになっています。

もう一つ、国債の種類には、満期による違いもあります。新窓販国債なら二年、五年、一〇年、個人向け国債なら三年、五年、一〇年と、それぞれ満期の違いで、三種類ずつ計六種類の国債から選ぶことができます。今回、「安全なお金の置き場所」として取り上げるのは、そのうちの**「個人向け国債」でかつ満期が「一〇年」の国債です。それは、この六種類の国債の中で唯一、「変動金利」を採用しているからです。**

それ以外は全て、「固定金利」を採用しています。これは、金利が発行時のまま満期まで固定されるため、将来、金利が上昇した場合に不利な条件になる可能性があるということです。具体的な例で考えるとイメージしやすいかもしれません。たとえば、二％の利回りで新窓販国債の一〇年債を購入し、一年後に世の中の一〇年ものの金利が五％に上昇した場合を考えてみましょう。

この場合、購入した一〇年債の残りの九年間、毎年二％の利息をもらっても単純計算で二×九＝一八％の利息にしかなりません。ですが、その時点で利回り五％で満期まで九年ある債券を買い直すことができるとすると、将来、五×九＝四五％もの利息収入が期待できます。

さらに、長期金利が五％に上昇するということは、インフレ率もある程度は上昇している公算が大きいといえます。インフレ率が上昇しているということは、今年一〇〇円で買えた商品が一〇年後には一〇〇円以上の価格になっている、つまり、お金一円あたりの「価値」が下がっているということです。**今の一〇〇円と一〇年後の一〇〇円は同じ「価値」ではない**のです。将来、金利が上昇した際に、二％で長期間の利回りを固めてしまっていたら、お金の「価値」を守ることができなくなってしまう可能性が大きいのです。

それならば、二％の利息がつく債券を売って五％の債券を買い直せばいいと考える人もいるかもしれません。しかし、利回りが五％の状況下で、二％の利息がつく残存期間九年の債券を換金する場合、計算すると額面一〇〇円の債券が八一円強にしかならないため、二割近い損失が出てしまいます。

この点、個人向け国債の一〇年債は、半年単位で利息が見直され、その時々の長期国債の利回りに〇・六六を掛けた数字が適用されます（二〇一一年七月以降発行分）。長期金利が二％なら一・三二％、五％なら三・三％といった具合で、また、最低でも〇・〇五％の金利保証があります。しかも、購入後一年を経過すると、過去二回分の利息をペナルティ

個人向け国債の比較

商品名	変動10年	固定5年	固定3年
特徴	実勢金利に応じて半年毎に適用利率が変わるため、受取利子がふえることもある。	満期まで利率が変わらないので、発行した時点で投資結果を知ることができる。	満期まで利率が変わらないので、発行した時点で投資結果を知ることができる。
満期	10年	5年	3年
金利タイプ	変動金利	固定金利	固定金利
金利設定方法	基準金利×0.66	基準金利-0.05%	基準金利-0.03%
金利の下限	0.05%(年率)		

出典:財務省ホームページより作成

として払えば、いつでも額面(つまり一〇〇円)で買い取ってもらえる元本保証がついています。

たとえば、個人向け国債に投資している期間中に金利が大幅に上昇して「ここで長期国債を買いたい」と思えば、ペナルティを払って買い直しができます。固定金利の国債に比べ、利回りはやや低いのですが、金融環境の変化への抵抗力がある点は魅力的です。金融環境にもよりますが、ここ数年は、銀行の半年定期よりも個人向け国債のほうが良い利回りであることが多いのです。

また、二〇二一年現在、個人向け国債の〇・〇五%の最低利率はメガバンクの定期預金利率(多くが〇・〇〇一%)よりも有利です。

銀行や証券会社、ほとんどの郵便局でも募集をしていて、一口一万円単位という小額から購入できる点もメリットでしょう。

以上をまとめると、個人向け国債は、元本保証がある上に、銀行預金よりはおおむね高い利回りであること、金利が上昇した場合にもある程度は対応できて、なおかつペイオフの心配がないという特長があります。

何よりも「無難」な商品であり、相対的には「まあまあ」である場合が多いため、**「使う予定が当面なく、安全に貯めておきたいと思うお金については、個人向け国債の一〇年満期変動金利型に貯めておく」**ということは、一〇〇〇万円を超えるお金の有無によらず、安全な運用手段の一つとして、覚えておくとよいでしょう。普通の人には、「厳密にベスト」でなくても「確実に無難」なら十分ではないでしょうか。

銀行や証券会社との上手な付き合い方

安全な運用手段はなぜ金融機関に嫌がられるのか

前述の個人向け国債は、証券会社、銀行等の金融機関で販売されている商品ですが、恐らくどこの金融機関窓口でもこの二つを積極的に勧められることは、まずないでしょう。さらにいうと、これだけを購入しようとする客は、歓迎されないことの方が多いかもしれません。

買う側にとって「買いたい」商品が、必ずしも、売る側にとって「売りたい」商品であるとは限らないのです。むしろ、反対であることが多いと思ってよいでしょう。

証券会社や銀行等、売る側の目線で考えるとよく分かります。商品にもよりますが、通常の投資信託を売る場合、三%程度の手数料が稼げるところを、個人向け国債では、たとえ一〇〇万円分売っても五〇〇〇円程度と〇・五％の手数料しか入りません（なお、この手数料は、国から販売した金融機関に支払われるものであり、基本的に、購入する際の手数料や維持手数料、満期まで持ち続けて償還された際の手数料は無料です）。金融機関にとっては〝旨味〟のない、セールスにとても力を入れられない商品なのです。

実際に、金融機関の窓口で個人向け国債を買おうとすると、「個人向け国債は利回りが低い」等と言われて、外国債券に投資する投資信託や、個人年金保険といった、別の商品を勧められる可能性が少なからずあります。**買う側からすると、はっきり言って、どちらもダメな商品です。**

銀行とはどう付き合っていけばいい？

銀行との付き合い方のコツは、つきつめると、①銀行は「お金を運用するところではない」という認識を持ちましょう、②銀行員と顔を合わせないかたちで利用しましょう、の二点に集約されます。

■銀行は「お金を運用するところではない」

銀行の預金口座、特に、決済に使うことができる普通預金はたしかに便利です。しかし、お金をふやすための「運用」について考えたとき、銀行の店頭には「買いたい」といえるような商品はほとんどありません。先に紹介した個人向け国債は銀行でも買えますので、恐らくこれが唯一の例外でしょう。銀行が取り扱っている投資信託や生命保険（「個人年金保険」等と称するものも含めて）のラインナップでは、買ってもいいだろうと思える商品がほとんどなく、銀行の店頭には、手数料の高い運用商品ばかりが並んでいます。

お金の運用における重要な原則は、**「別の店で同じものをより安く買えるなら、その商品あるいは相手から買ってはいけない」**ということです。運用とは、お金をふやすことを目的に行うものですし、動くお金が大きいことからも、決して軽視できない原則です。

そう考えると、銀行関係者の方がもし本書を読んでいたら申し訳ないですが、**銀行の窓口には個人向け国債以外に買えるものがないのが現状**なのです。個人のお金の運用では、「銀行では一切運用をしない」と考えて差し支えありません。

銀行との付き合い方において私が一番心配しているケースは、運用経験の乏しい高齢のビジネスパーソンが、退職金が振り込まれた銀行で、銀行員の勧めるままに運用デビューをしてしまうことです。「退職金は、決して銀行では運用しない」と決めておくべきでしょう。銀行の外に目を転じてみると、銀行が取り扱うのと同様の商品については、銀行よりもいい商品（端的に言って手数料が安い商品）がありますし、銀行が扱えない商品の中でいいものが見つかる場合も少なからずあります。「どこで運用しても同じだろう」等と、自分でよく調べもせずにタカを括《くく》らないことが大切です。

■ 銀行員と顔を合わせない利用を心がける

銀行では運用をしない、商品を購入しないと決めた以上は、わざわざ窓口に出向いて（時給の高い）銀行員に時間を使わせるのは申し訳ないという気持ちを持ちましょう。そして、購入しない商品のセールストークを聞くのは時間の無駄だと理解しましょう。相手に時間を使わせたことで、「何か申し訳ない」という人情が湧いてくるのが普通の感性です。まして、応接室のような密室でセールスを受けると、契約しないと帰りにくいような心境に追い込まれることがあります。セールスする方も、その人情を巧みに利用して商品を勧める術《すべ》を心得ています。

しかし、それだけが理由ではありません。

銀行員を目の敵にしているように思われるかもしれませんが、特に銀行員を警戒すべき理由に、銀行が顧客のことを知りすぎていて、セールスマンとしてあまりにも手強い相手であるということがあげられます。

銀行では、口座でのお金の流れを通じて、**その顧客の収入も、クレジットカードの支払**

い状況も、証券会社とのお金のやりとりの有無も知ることができますし、定期預金の満期に合わせて金融商品をセールスすることも可能な立場にあります。証券会社のセールスマンが相手でしたら、「今、運用にちょうどよいお金がないので」といった断り文句が使えますが、銀行員にはこれが通用しません。昨今は銀行員もノルマに追われて、証券マンと同じくらい強引にセールスする傾向がありますから、うかつに窓口に出掛けて行き、お金の流れを全て把握されている相手に、買うべきではない商品を勧められる隙を与えることは避けるのが利口です。

銀行も証券会社もネットで不要なリスクを避ける

ここであらかじめ、私はネット専業の証券会社に勤めていることをお伝えしておきます（プロフィールをご参照ください）。後述する、「あなたから手数料をとろうと狙っている金融機関」側の人間の一人であることを肝に銘じてから読み進めていただきたいと思います。

銀行でも証券会社でも、なるべく売り手側の人間と顔を合わさずに使うのが賢い利用のコツです。ネットバンキングのサービスを利用すると、残高照会や各種の支払い・送金等の手続きを、自宅のパソコン上で全て行うことができます。ネットを専業としている金融機関ではなくても、それなりに便利なメニューが用意されているので、ぜひ一度調べてみるとよいでしょう。手数料についても、店頭に出向くより安く設定されている場合がありきます。利用時間の融通が利き、待ち時間もありません。また、新型コロナウイルスやインフルエンザのような感染症が流行している時に、店頭での感染を心配する必要もありません。

また、連携しているネット銀行を併用すると、有利な利率で預金を利用出来たり、お金を自動的に行き来させたり出来て便利な場合があります。

銀行との付き合い方のコツ

1

お金を運用するところではないという認識を持つ

▼

店頭には、手数料の高い運用商品ばかりが並んでいる

▼

銀行の窓口には個人向け国債以外に買えるものがないのが現状

▼

2

銀行員と顔を合わせないかたちで利用する

▼

購入しない商品のセールストークを聞くのは時間の無駄

▼

お金の流れを全て把握されている相手に、買うべきではない商品を勧められる

▼

ネットバンキングやネット証券を利用し、窓口でセールをされるリスクをなくそう!

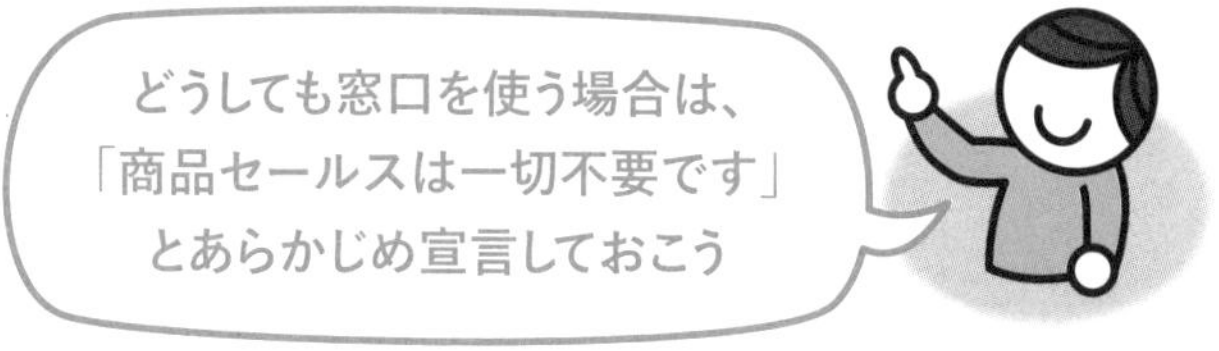
どうしても窓口を使う場合は、
「商品セールスは一切不要です」
とあらかじめ宣言しておこう

お金のアドバイスを受ける相手から買ってはいけない

「客を儲けさせる」のではなく、「客から儲ける」のが金融機関の仕事

「売り手側の人間と顔を合わせる」ことは、さらに大きなリスクが待ち構えています。

冒頭のたとえの続きとなりますが、コツコツと貯めてきた一〇〇〇万円の貯金のうち、一部を運用に回そうと考えたとします。まず、あなたはどう考えるでしょうか。

「お金の運用にあたっては、知識も経験も豊富な、信頼できる金融機関を選んで、納得のいくまで相談することが大切だ」。そう考えるかもしれません。しかし、その考えは、実は大間違いなのです。お金の運用においては、**どんな金融商品を選ぶかが大切ですが、誰からアドバイスをもらうかということも、それと同じくらい重要な要素**なのです。

先の銀行との付き合い方の中でも述べましたが、銀行や証券会社、保険会社等、どの金

融機関であっても、自分の財産状況をさらけ出した相手に、お金の運用を相談することほど、愚かなことはありません。まして、金融のプロを相手に、「納得のいくまで相談をしよう」等という心構えは、**彼らの「カモ」となりかけている自分の姿に気づいていない**としかいえません。

たとえば一般的な銀行員の収入として、月給五〇万円に夏と冬のボーナスが一〇〇万円ずつあり、年収が八〇〇万円あると仮定します。実際にこういう人は、本支店を問わずたくさんいることでしょう。

その銀行員がそれだけのお金をもらうためには、彼または彼女が関わって儲けたお金が八〇〇万円以下であると銀行にとって赤字になってしまいます。この原資となるお金がいったいどこから発生するのかといえば、それは日ごろ相手をしている顧客、つまり、あなたからなのです。

銀行や証券会社での相談窓口がいくら無料を謳《うた》っていても、窓口担当者には必ず、そこであなたのために割いた時間分のお金が支払われています。たとえあなたが払っていないとしても、別のところで、別の顧客が手数料や何らかの形で負担をしているはずです。逆の場合、つまり、別の顧客に使われた時間の分の儲けを、あなたが払わされていることもあり得るのです。

また、そもそもの考え方として「信頼できる金融機関」という曖昧なものの存在を信じている時点で、問題です。金融機関というのは、その利益構造から見ても、**「あなたから儲ける組織」であって「あなたを儲けさせる組織」ではありません。**この点は、シビアに考えなければなりません。

FP・FAとはどう付き合っていけばいい？

次に、ファイナンシャル・プランナー（以下、FP）との付き合い方についても考えてみることにしましょう。銀行員や証券マンのような、特定の組織に属さずに活動している人も多く、彼らもまた、有料または無料でお金の相談を受け付けています。

結論からお伝えすると、**彼らFPについても銀行や証券会社との付き合い方とほぼ同じ注意が必要です。**むしろお金の流れが見えにくい分、もっと気を付ける必要があるかもしれません。

FPにお金の運用を相談するというのは、一面ではいいことだと思います。自分のお金の状況を把握するきっかけになったり、「お金のホームドクター」とも称される彼らに相談することで、自分だけでは分からなかったことを知ったり、あるいは自分が気づいていなかった金融商品のリスクを教えてくれることがあるかもしれません。

注意が必要なのは、本当に相手が私たち顧客のことを考えて、正しいことを教えてくれているのかということです。

組織に属していないFPであっても、たとえば一方で保険代理店を営みながら、相談に来た人に特定の保険会社の特定の商品を紹介し、保険会社からキックバックを得ることで生計を立てている人も少なからず見られます。

さらに紛らわしい例として、「ファイナンシャル・アドバイザー（以下、FA）」と名乗るFPの存在があげられます。FAはしばしば「証券仲介業」の登録をしています。証券仲介業とは、証券会社等と契約し、そこで扱う投資信託等の商品を顧客に仲介するもので、顧客が商品を購入して取引が成立すると、証券会社から手数料を受け取る仕組みになっています。それだけを聞くと、特に問題ないように思われますが、その手数料の率に問題があるのです。

〝金の亡者〟とも揶揄《やゆ》される外資系証券会社のセールスマンでも、自らの手取りとして受け取るのは、自らが得た収益のせいぜい一〇％程度です。個人向け営業で稼ぐ証券会社の営業マンでも二五％くらいでしょう。ところが、**証券仲介業で手にする手数料は、収入の五〇％以上になるケースが多い**のです。そうなると「一見アドバイス風のセールス」に流れてしまうFAが多いのも、十分に納得できます。

証券仲介業で稼いでいるFP・FAは、組織に属していないから公平で親切なはずだ、というお人好しな先入観はこの際捨てて、彼らも十分に肉食の「羊の皮をかぶった狼」なのだという認識を持つことが大切です。

それでも、お金の相談を誰かにしたいのなら

ここまで読み進めてきて、「結局、お金の問題は、誰に相談したらいいのか？」と、悩んでしまった方もいるかもしれません。

まずは自分で十分なレベルまで勉強をすることが、もちろん最良の解決策ではありますが、次善策として、FPに相談する場合、以下の四点に気をつけましょう。①先ず金融機関に所属していない独立したFPに相談すること、②次に、生命保険などの商品販売に関わっていないFPを選ぶこと、③そして、相談料をしっかり払うこと（無料相談を信用してはいけません。正しいアドバイスを貰うと相談料の元はすぐ取れます）、④さらに、FPの知識不足のケースに対処するために、医療の世界でよくある「セカンドオピニオン」を求めるべく別のFPに相談することも検討しましょう。

①の条件について、金融機関と関わりがあるかどうかは、保険の代理店をしている、証券仲介業の登録をしている場合（ともに、金融機関から手数料を受け取る仕組みになっていま

す）や、セミナー講師や広告への起用（この場合、スポンサーである金融機関の意向に反したアドバイスはできない可能性が大きい）等、複数の可能性から判断をすることになるでしょう。どちらの場合でも、こうしたFPは、目の前にいる顧客ではなく、自分にお金や仕事を落としてくれる金融機関の方を向いている可能性が大きい。

もう一つ、実用的な解決方法があります。

友人や知人、元同級生や親戚といった、あなたの周囲の人間の中に、探せば一人くらい、金融機関に勤めている人間が見つかることでしょう。そのような人に相談する、という方法です。

ただし、これには条件が一つあります。相談をする前に、その人が所属する金融機関では絶対に何も買わないと宣言し、かつ実行することです。その代わり、アドバイスに対してはきちんと対価を払うことも伝えましょう。対価はもちろん現金でもいいでしょうし、他にも、食事やお酒をご馳走したり、どんなかたちでも構いませんが、「お礼は必ずします。でも、あなたの会社からは絶対に買いません」という意思をはっきりと示すことが重要です。金融マンはライバルである他社商品にも詳しいことが多いし、自分の利害が絡まないと判断した場合には、正しいことを教えてくれる可能性が大きいでしょう。

この方法で、一つだけ問題があるとすれば、相手側の事情として、勤め先が何らかのキ

FPに相談する際の4つポイント

1. 金融機関に所属していない独立したFPに相談する。
2. 生命保険などの商品販売に関わっていないFPを選ぶ。
3. 相談料をしっかり払う。
4. 「セカンドオピニオン」を求めるべく別のFPに相談する。

ャンペーンをやっていたり、商品の販売ノルマがあったりといったことも多く、親兄弟や親戚のように近しい相手に相談した場合、反対に泣きつかれることが起こる可能性があるということです。

4
限目

損得は「利回り」で判断しよう

貯めたお金を運用する

お金自身に稼いでもらう

1限目でも述べましたが、お金は、適切な場所に置いておくことで新たなお金を稼ぐことができます。その持ち主が別のことをしている間も、運用することによって経済活動に参加することができるのです。タンス預金では、盗まれたり、火事や災害で価値を失う可能性はあっても、タンスに入れておくだけでお金がふえることはあり得ません。

実際には、貯めたお金のうち当面使う予定のないお金については、銀行に預ける、株式に投資するなどの何らかの運用をしているという人がほとんどでしょう。

そこで、巷《ちまた》に溢れかえる選択肢の中から、どの運用商品を選べば有利に運用できるのか、ということが問題になります。商品によっても、またそれを扱う金融機関によっても、かかるコストやリスク、期待できる収益は異なります。自分の中で、何か共通の判断基準を持つことで、個々の選択肢を比較し、最適な運用方法を見つけることが可能になります。

お金の運用は「利回り」で考える

お金の運用は「利回り」を判断基準とすることで、おおむね合理的に考えることができます。リスクや運用金額による利回りの差を考慮する必要がある場合もありますが、**まずは「利回り」を理解し、使いこなすことが基本**です。

利回りとは、「時間あたりにお金がふえる割合」です。一年でどれだけお金がふえるかを運用する金額に対して「年率何％」として表します。たとえば、一〇〇万円を運用して、一年後に五万円ふえて一〇五万円になったとすると、この場合、年率五％の利回りだ、と考えます。

他の全ての条件が同じ場合、利回りの高い方が運用が効率的であることは、すぐに分かります。しかし、現実として、運用商品を比較する際には、「他の全ての条件が同じ」という状況はあまり多くありません。

個人が、お金の運用の効率を考える場合は、年率に換算して、かつ、次に紹介する「複利」で考えるのが標準的な手順です。

利回りは「複利」で考える

「単利」と「複利」の違いを知る

先の計算と同じ、一〇〇万円が一年で一〇五万円、年率五％となる運用を約束された商品があるとした場合、この一〇〇万円を一〇年間運用する場合の利回りについて考えてみましょう。

この問題には、二通りの計算が考えられます。

まず、一年目に一〇〇万円の五％、五万円ふえます。この五万円を引き出して、また一〇〇万円運用するとして、二年目以降も毎年五万円ふえるので、

100万円＋（100万円×0.05）×10年＝150万円

となり、一〇年後に一五〇万円になります。これが、「**単利**」の考え方です。単純に、

元本に対してのみ利子がつく計算方法です。次の計算式で求めることができます。

単利……［将来の資産額］＝［元本］＋（［元本］×［年率利回り］）×［年数］

と考えます。

これに対して**「複利」**の考え方では、運用して得た利子に対しても、新たに利子がつく

先の一〇〇万円についてみると、一年目は元本一〇〇万円の五％で五万円プラスとなり、単利の計算結果と同じですが、二年目は、一年目の利子の分を合わせた一〇五万円に対して五％の利子がつくので、五万二五〇〇円ふえる計算になります。こうして三年目以降も、前年までの元本と利子の合計に五％の利子がつき、結果、一〇年後には、一〇〇万円は一六二万八八九五円になります（一円未満四捨五入）。

複利の計算式は以下の通りです。

複利（1年複利）……［将来の資産額］＝［元本］×（1＋［年率利回り］）$^{［年数］}$

元本と年率が同じでも、単利運用なのか、複利運用なのかで、最終的な運用益の額に差

「単利」と「複利」の違い

100万円を、年率5%の利回りで運用した場合(1円未満四捨五入)

年	単利	増加分(利子)	複利	増加分(利子)
開始時	100万円	—	100万円	—
1	105万円	5万円	105万円	5万円
2	110万円	5万円	110万2500円	5万2500円
3	115万円	5万円	115万7625円	5万5125円
4	120万円	5万円	121万5506円	5万7881円
5	125万円	5万円	127万6282円	6万0776円
6	130万円	5万円	134万0096円	6万3814円
7	135万円	5万円	140万7100円	6万7004円
8	140万円	5万円	147万7455円	7万0355円
9	145万円	5万円	155万1328円	7万3873円
10	150万円	5万円	162万8895円	7万7567円
11	155万円	5万円	171万0339円	8万1444円
12	160万円	5万円	179万5856円	8万5517円
13	165万円	5万円	188万5649円	8万9793円
14	170万円	5万円	197万9932円	9万4283円
15	175万円	5万円	207万8928円	9万8996円
16	180万円	5万円	218万2875円	10万3947円
17	185万円	5万円	229万2018円	10万9143円
18	190万円	5万円	240万6619円	11万4601円
19	195万円	5万円	252万6950円	12万0331円
20	200万円	5万円	265万3298円	12万6348円

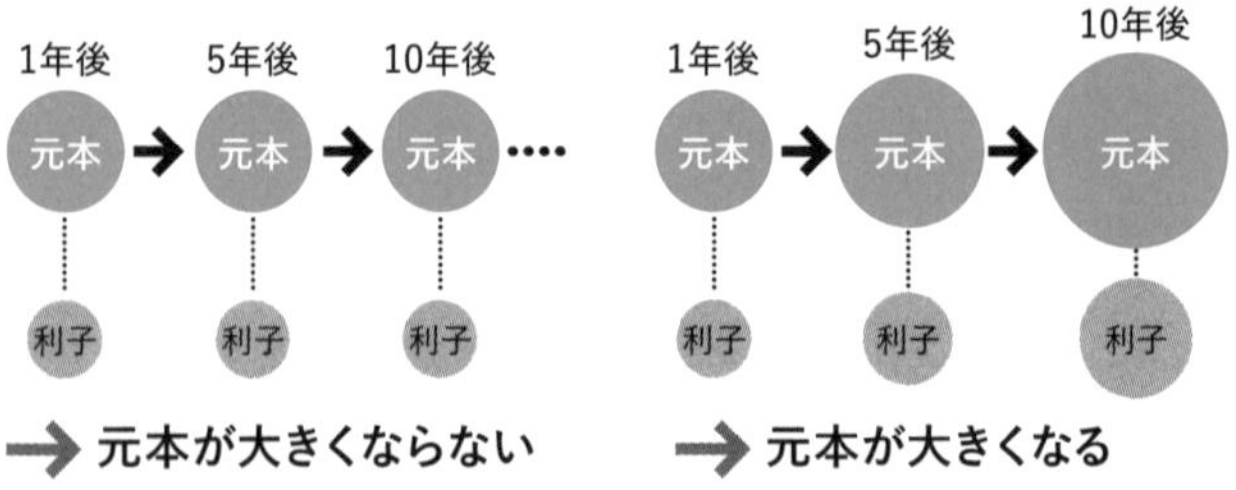

が生じます。この差は、運用年数が長くなるほど大きくなります（右図参照）。

運用は、複利運用で考えるのが基本です。「複利」について、「単利」との違いや計算の考え方をまずは理解しておいてください。

その利回りは「単利」なのか「複利」なのか

利回りについては、利率が「単利」なのか「複利」なのかを確認することが大切です。

たとえば、他の条件は全て同じという運用商品が二つあったとして、一つは利回りが年率五％、もう一つが年率六％であるとします。一〇〇万円を一〇年間運用する場合、どちらの方が、最終的な運用益は大きくなるでしょうか。

直感的に、年率六％の方だと考えた人がほとんどだと思います。では、この利回りが、一つは「複利」で五％の商品、もう一つが「単利」で六％の商品だった場合は、どうでしょうか。

それぞれ、先に紹介した式に当てはめて、計算してみましょう（一円未満四捨五入）。

計算の結果、一〇年後には、複利回り五％の商品の運用益は、単利回り六％の商品よりも二万八八九五円上回りました。単純に利回りの数字だけで判断してはいけないということが分かります。

さて、利回りには単利と複利とがある、ということは、ある商品の利回りについて判断する際には、**その利率が「単利」なのか「複利」なのかを確認する必要がある**、ということです。

先日、都内を歩いていたら、証券会社の店頭で黒板に書かれた外国債券の広告が目に入りました。日本円建ての利回りではありませんが、**「割引債。年率八・〇％！（単利。税引き後六・四％）」**とありました。文字は「年率八・〇％！」が大きくて、括弧付きの「（単利。税引き後六・四％）」は小さな字で書かれていました。

債券は一〇年満期の割引債だったので、一〇年後に当初購入額の一八〇％で償還されるのでしょう。それならば、確かに単利で考えると年率八％になります。しかし、これを複利で一〇年間運用すると考えると、運用資産額が一〇年後に当初の一八〇％になるためには、一年当たりの利回りは八％ではなく、約六・〇五四％あれば十分です。計算は以下の通りです。

$$(1+0.06054)^{10} \fallingdotseq 1.8$$

この場合は、利回り計算の前提（単利か複利か）と、運用期間（一〇年間）を確認して、そこから将来の価値が幾らになるかを考えて判断すればよいのですが、「年率八%」というと、「年率六%」に比べて、ずいぶんお得な印象を与えます。

個人が自分のお金の運用効率を考える場合には、「複利・年率」で考えるくせをつけておくのが正解です。

水増しされた利回りに騙されるな

先の計算で、一〇〇万円を年率五%の複利回りで運用すると、一〇年で元本が約一六二・八九%(以下、小数点第三位四捨五入)になることがわかりました。これを「一〇年で約六二・八九%ふえるのだから、一年当たりの資産増加率は約六・二九%だ」と考えると、一年当たりの運用効率を過大評価してしまうことになります。この場合、「一年当たりの資産の増加率」は、あくまでも五%です。

この単利と複利の差を悪用した、インチキな運用商品には注意が必要です。

繰り返しになりますが、**金融商品の損得は基本的には「複利」で評価すべきです**。しかし、あえてこの「単利」を用いて、高い利回りを謳う銀行預金などがあります。先の例では、実際には複利回り五%で運用しているにもかかわらず、「六・二九%の高利回り商品!」と単利に換算した数字でアピールするのです。これが一五年、二〇年と運用期間が長期になるほど、随分と水増しされた利回りになるので、要注意です。そういったものは常に複利ベースで計算するように心がけて、見かけに騙されないようにしましょう。

また、単利と複利の差を悪用する以外にも、「年率換算」といったあいまいな表現を用いるなどして、利回りを嵩《かさ》上げするケースがあります。

たとえば、**「年利〇・四%の定期預金（三カ月満期）」**にお金を預けたとすると、満期に受け取る金利は実質何%になるでしょうか。この場合、「年利〇・四%」というのは、同じ条件で一年間預けたときの金利になります。実際には三カ月満期で四分の一年しか運用されませんので、実質的な金利は、0.4%×0.25＝0.1%となります。〇・四%と〇・一%とでは、印象はかなり変わってきます。

資産を複利運用して二倍にするには？――七二の法則

単利であれ複利であれ、元本と利回り、運用年数がわかっていれば、最終的に元本と利子を合わせた「元利」がいくらになるかを計算することができます。

同時に、元本と目標金額が分かっていれば、どれくらいの利回りでどれくらいの期間、運用すればいいのかを求めることができます。

ここでは、実際に複利での計算問題について考えてみましょう。

Q 複利運用をして一〇年後に元本が二倍になる利回り（複利利回り）は年率何%か。

A 七・二%（小数点第二位四捨五入）

一〇年で一〇〇%ふえるのだから、年率一〇%だ、と計算してしまうようでは、「金融脳」が少々物足りない。実際には、七・二%あれば一〇年で二倍になります。これは、前記の計算式を応用して計算しますが、複利の計算は、少々複雑になりますので、マイクロソフト・エクセルや金融専門の電卓等を利用するとよいでしょう。マイクロソフト・エクセルでは、POWER関数を用いて次の式で求めることができます。

［終価（元利合計）］＝［元本］×POWER（1＋［年率利回り］,［年数］）

［複利率］＝POWER（［終価］／［元本］,1／［年数］）－1

実は、元本が二倍になる利率（年率・%）と運用年数とを掛け合わせると、だいたい「七二」になることが分かっており、これは「七二の法則」と呼ばれています。資産を複

72の法則の計算方法

複利回り（年率％）× 運用資産2倍になるために必要な年数 ＝ 72

利回りから計算

72 ÷ 3 ＝ 24

年利3％なら　24年で2倍

年数から計算

72 ÷ 18 ＝ 4

18年で2倍なら　年利4％

おおまかに
把握するだけなら、
これで十分だね

利運用して二倍にするためには、どれくらいの利回りと年数が必要かを計算するのに便利です。

使い方としては、上の式に数値を当てはめて計算します。このとき、利回りは年率で、％の数値をそのまま使います。

たとえば、利回り三％で複利運用する場合、72÷3＝24ですから、運用資産が倍になるのは二四年後、ということになります。反対に、一八年で倍にしたいと考えるのなら、運用期間を通じて四％の複利回りで運用する必要があります。多少の誤差はありますが、五年以上の期間で用いるのならばおおまかに使えます。覚えておいて損はないでしょう。

借金も複利計算で膨らんでいく

複利の運用では、単利での運用に比べて思いの外お金のふえ方が大きいと感じた人も多いと思います。しかし、複利の効果は、**借金の場合にも同様に威力を発揮するので注意が必要**です。

借金をする場合、借りる金額ごとに法律で定められた利息の上限があります。借金が一〇万円未満の場合は最高二〇%、一〇万円以上一〇〇万円未満の場合は最高一八%、一〇〇万円以上の場合は最高一五%と、株式等の運用ではとても継続して実現することが難しい高利回りです。

たとえば、一〇万円を年率一八%の金利で借りた場合、途中でまったく返済しなかったとすると、四年ほどで借金は倍の二〇万円にまで膨らみます。その時点で返済せずに借り続けたとすると、さらに四年後には三八万円（一万円未満四捨五入）と、文字通り雪だるま式に大きくなっていきます。複利の計算は、借金の場合の方が、より威力を発揮するように感じられるのではないでしょうか。

借金は時に将来の自分に対する投資でもありますが、計画性のない、身の丈を超えた借金は、絶対にしてはいけません。消費者金融からであろうと、銀行からであろうと、それは同じです。

また、住宅ローンなどを含めて借金がある場合、まずはその返済をする方が、借金をしたまま資産運用を行うよりも効果的です。

たとえば、金利三％の住宅ローンを抱えた会社員がいて、ある年のボーナスを全額運用に回してもいいと考えたとします。その人が、三％のリターンを期待できる株式などの運用商品を見つけた場合、また、期待できるリターンが四％の運用商品を見つけた場合、それぞれ、どう行動するのがよいでしょうか。

結論からいうと、どちらの運用商品であっても、**ボーナスは「住宅ローンの返済にあてる」**のがだいたいの場合において正解です。

金利三％のローンの返済をすることは、「三％の金利で運用できる」のと同じ効果があるだけでなく、ローンの返済は「リスクゼロの運用」である分、同じ三％の金利の運用商品よりも有利です。この場合、リターンだけを比べて、どちらが得かを考えるのではなく、**そのリターンを得るために必要なリスクと併せて考えることが重要**です。

リスクとリターンの考え方については、6限目で詳しくお話ししますが、たいていの場合、ローン返済に勝る運用はありません。

毎月分配型が損であることを計算で証明する

もう一問、複利の考え方に関係する計算問題を解いてみましょう。

Q 複利で運用して、毎月二%ふえる投資信託の場合、年率では何%の利回りになるでしょうか。

A 約二六・八二%です。これも、先の計算式を利用して考えることができます。

（1＋［月利］）$^{［月数］}$＝（1＋0.02）^{12}＝1.26824…

この計算結果を使って、次の問題を考えてみましょう。

Q 毎月元本の二%を分配金としてもらえる投資信託の場合、毎月複利運用すると、一年後の収益率はいくらになるでしょうか。ただし、分配金から都度二〇%の税金が課せられます。

また、一年後に元本の二六・八二%を分配金として受け取るケース（この場合

も分配のタイミングで二〇%課税されます）と比較して、どちらがどれくらい損になるでしょうか。

A

一年後の収益率は、分配金の二%から課税された残り八〇%を受け取るので、次の計算から二〇・九八%となります。

$$(1+0.02\times0.8)^{12}=1.20983\ldots$$

また、一年単位で分配金を受け取る場合は、先の問題を使って、計算します。

$$1+0.2682\times0.8=1.21456\ldots$$

それぞれの収益率は、毎月分配金を受けとる場合が約二〇・九八%、一年後にまとめて受け取る場合が約二一・四五%になりますから、毎月分配金を受け取る方が、〇・四七%損をしている計算になります。

$$1.21456-1.20983=0.00473$$

この差は、他の条件が同じであっても、税金を先に取られることで運用元本が減るために生じるものです。仮に、同じ収益力でプラスの利回りが期待できるなら、毎月分配金を支払う商品よりも、年一度の分配金の商品の方が得だということは、計算によって明らかです。

ここまで一緒に計算をしてきた読者の皆さんには、納得していただけたことと思います。しかし、実際に世間を見渡してみると、同じ運用内容の投資信託で、**年一回分配のコースよりも毎月分配のコースを選ぶ人のいかに多いことか!**

ある全国紙に、二〇一四年一月から始まったNISA（ニーサ。制度の詳細は9限目参照）についての興味深い記事がありました。それによると、某大手証券では、制度開始時におけるNISA口座での売れ筋投資信託ランキングのベスト3は、全てこの「毎月分配型」の商品ということでした。驚いたと同時に、売り手である金融機関の巧みなセールスにまんまと乗せられた人たちのことを思うと、とても残念な気持ちになりました（これらの商品は手数料も高く、はっきりと「やめた方がいい」と言い切ることができるものばかりです）。

課税もそうですが、**一般にお金は先に払うよりも後で払う方が得です**。かつて、金利が今よりもっと高かった時代には、商社や銀行が関わる商売などで、お金の受払いの時間差を利用して、その間の金利で稼ぐことがよく行われていました。

たとえば、金利が年率五%で代金の受払いの差が七日あれば、受け取った資金をその間運用することで代金の約〇・〇九六%を稼ぐことができます。扱う金額が大きいと、この稼ぎは決して見過ごせない金額になります。

私が最初に入社した会社は総合商社でしたが、先輩で、自分が飲み会の幹事の場合はすぐにお金を集めるのに、他人が幹事をする場合は、次の給料日まで支払いを待たせる人がいました。彼の言い分は、**「お金の受け取りは早く、支払いは遅くするのが商売の大原則だ。商社マンたるもの、日頃から基本に忠実でなければならない」**ということだったのをよく覚えています。これが、「人間関係の基本」にどう影響するかについて、多少問題がないとはいえませんが、先輩の貴重な教えの一つとして紹介しておきます。実際、金利水準が高くなると、支払い、受け取りのタイミングは損得に大きな影響を及ぼします。これは、お金について持つべき「絶対感覚」の一つでもあります。

5
限目

大きな
買い物の前に
考えておくべきこと

大きな買い物をいかに買うか、買わないのか

二つの大きな買い物を考える

お金との付き合い方の基本は**「稼ぐ・貯める（増やす）・使う」**の三つでしょう。5限目では、このうちの「使い方」について、特に金額が大きく、ローンを組んで長期にわたって支払い続けることが予想される住宅・生命保険の二つの「買い物」について考えます。これらの買い物については、本来の価値よりも不当に高い値段で買ったり、そもそも買う必要のないものを買っていることに気づかないケースを見かけます。どちらも、たった一回の不要な買い物で、日々の努力が全て消し飛ぶ金額ですから、お金の使い方は、稼ぐ・貯めると同じように、正しい理解と実践が必要です。お金の使い方を改善するには、金額と効果の大きな費目からアプローチするのが効果的です。

マイホーム

——買うか、借りるかを考える物差しとしての「割引現在価値」

住宅購入を決める前の四つの考えどころ

住宅の購入は、生命保険や自家用車に比べて金額が特に大きく、たいていの人はローンという借金を背負うことになる、多くの人にとって、生涯で最も大きな買い物でしょう。

はっきりいって、高すぎる価格と不利な条件の住宅ローンで大きな負担と損を背負う人が、少なくありません。一〇年、二〇年といった期間の中ではあっても、不動産の購入によって、一〇〇〇万円をはるかに超える損を被《こうむ》る人が多いように見えます。

八〇年代から九〇年代前半の、日本のいわゆるバブル時代の不動産価格で購入してしまった人々（運用のプロを含む金融マンにも少なくないですが）の損の大部分は、単に正しい経済計算ができなかった、あるいは、「しなかった」ことに起因するものであったように思われます。その後も物件本来の価値に対して高い価格で不動産を買う人は多いように見えます。不動産に関する失敗は、正しい意思決定をした場合と比べて、その差を金額換算すると、年間で一〇〇万円に近いレベルの損になっているのではないでしょうか。

持ち家と賃貸のどちらが得かは、長らく賑やかに論じられているテーマですが、この論争の決着点は、**投資対象として見た場合の不動産価格が高いか・安いかで判断すべきだということです。それ以外の結論はあり得ません。**私がこの「論争」（注：私の立場では論争ではありませんが）にあって、賃貸派の側に立つことが多いのは、一般に売り出される不動産の価格が高すぎることが多い、というのが主たる理由です。私は、就職してからでも一四回の引っ越しを経験していますが、ずっと賃貸住宅暮らしを選択してきました。その背景は大きくいって二つあります。まず過去、特にバブル時代の、物件に対して明らかに高すぎる価格で家を買うほど愚かではなかったことと、もう一つは、採算を度外視してマイホームを買えるほどのお金持ちではなかったことです。

不動産を買うか買わないかを判断するポイントについて、「買う！」と決めてしまうと影響が大きいので、まずは購入懐疑派の立場から考えてみましょう。

これらのポイントについて十分考えて、「それでも、この物件は安いから（あるいは、損をしてもいいくらいほしいから）買う！」ということなら、私もその物件の購入には反対しません。

もう一点、大事なポイントを忘れていました。

ローンを伴う不動産購入には、借り主が死亡した場合に備えて生命保険がセットされています（当然、その保険料を払わねばなりません）。一般的なケースとして、夫よりも妻が住宅購入に熱心なのは、「夫が死ねば、住宅は自分のものになる」という魅力的なオプションの影響が全くないとは言い切れないでしょう（もちろん、「妻が死ねば……」という逆の場合もあるでしょう）。

また、「お金の授業」の内容からは少々逸《そ》れますが、夫婦がローンを使って共同名義で住宅を購入し、その後に離婚することになった場合、ローンの残った住宅の後始末は何かと手間が掛かって複雑ですし、利害を伴う交渉が非常にタフなものになる可能性がありますす。この可能性についても、時に重要なファクターとして考慮する価値はあると思います。

「自分のもの」になるときに、残っている物件価値はいくらか

住宅購入派によくある意見として、「自宅は、ローンを払い終わると自分のものになるが、賃料をいくら払っても何も残らない」「だから、賃貸よりも買う方が得なのだ」とい

う不完全な二分法がありますが、これは、「自分のもの」というところを過大評価して、そこで思考停止に陥る愚かな思考パターンです。

しかし、不動産を購入するか否か迷っている若夫婦のような見込み客に対し、購入に向けての「最後の一押し」をする時に、不動産屋の営業マンがしばしば使うのがこの論理です。

どれだけのお金を払って、どれだけの価値が残る物件を買うことになるのか、まで考えなければいけません。「自分のもの」になるのは、現在、目の前にある新築の住宅ではなく、二〇年や三〇年をかけてローンを払い終えた後の中古物件であり、ローンで払った金額と同じだけの物件価値は、とても残ってはいないのが通常です。

特に、土地としての価値が残る一軒家と違って、マンションの場合、実際に住む場合の使用価値は十分理解できますが、長期的な資産価値には、大いに疑問があります。それなりの品質で、かつ将来においても人気のある場所であれば、物件としての価値が残る可能性はありますが、その場合でも、物件価値を保つためのリフォームや建て替えといった維持コストを考えると、やはり差し引きベースでの価値は期待するほど残っていないと考えるべきです。

また、「投資用でなく、自分で住む不動産はリスクとリターンで考えなくてもいい」と

住宅購入を決める前の4つの考えどころ

1. 支払いをして「自分のものになるか、ならないか?」でしか考えられないのは愚かだ。
2. 「自分が住む家」は特別ではない。単に、「自分が店子の不動産投資」だ。
3. 将来の生活(家族構成や、仕事の都合など)に合わせて、ローコストで住居を変更できることのメリットも評価する必要がある。
4. 「ローン」は現金で買うケースと比べて、金融機関の儲け分だけ余分に損をすることが基本。

いった意見も聞きます。しかし、自宅用であっても、より高い価格で買ってしまえば損に決まっているのだから、投資用の採算とは考え方が別になる、ということはないはずです。同じ物件が自宅用なのか投資用なのかで別次元で評価するのは、どこかがおかしい。この点については、自分が住む家であっても、「自分が店子の不動産投資」である、と理解すると、疑問が氷解します。住むのが自分であっても、転勤、転職、子供の都合や家族構成の変化などで引っ越したい場合が生じることはあり、「空室リスク」は存在します。

もちろん、賃貸が必ずしも得であるとも言い切れません。賃貸住宅の賃料には、その住宅にかかる建築費や保守費用といったコストの他に、オーナーの利益分も含まれているからです。理論上は、買う場合の損得も、借りる場合の損得も、市場メカニズムによってちょうどよい加減で相場が形成されて、それぞれバランスをとっているはずです。どちらが得、とは一概にはいえません。

将来の価値を現在の価値に換算して考える

先に述べたように、賃貸で住むか、持ち家にするかは、投資対象として見た場合の不動産の価格によります。

ここで、気を付けなければならないのは、「将来の価格」の計算方法です。将来、家賃収入が合計で二〇〇〇万円、売却価格が二〇〇〇万円、それぞれ期待できる物件の価格が三九〇〇万円だから、この物件は「買い」だと判断するのは間違いです。

現在手元にあるお金と将来手に入るお金は、同じ額面でもその価値が異なります。例として、一%の金利で一〇〇万円を銀行に預けた場合を考えてみましょう。分かりやすく税金を無視して計算すると、現在の一〇〇万円は、一年経てば一〇一万円になることが期待できますから、この場合、一年後の一〇一万円は現在の一〇〇万円と同じ価値だとみなすことができます。このとき、元本である一〇〇万円を、将来価値である一〇一万円の「割

「割引現在価値」で将来の価値を判断する

「割引現在価値」とは?

現在
100万円 ＝ 1年後 101万円

⋮

現在
100万円 ＝ 20年後 122万0190円

「割引き率」を1%とした場合、20年後に受け取る約122万円と、現在受け取る100万円は同じ価値だと考える

「割引現在価値」を計算するには?

V_p ＝ 元本[現在の価値]

V_F ＝ 将来の価値

$$V_p \times (1 + r)^t = V_F$$

$$V_p = \frac{V_F}{(1 + r)^t}$$

r ＝ 利回り[割引率]
t ＝ 複利運用する期間(年)

引現在価値」といい、その「割引率」が一％である、と考えます。

「割引現在価値」は、将来のある時点で受け取ることが期待できる価値を、もしも現在受け取るとした場合に、どの程度の価値になるのか、将来の価値をある率で割り引いた現在の価値で表します。不動産の他にも、債券や株式などの資産価格を評価する場合の基本となる考え方です。

改めて「割引現在価値」の定義を説明しましょう。ある元本（V_P）を、ある利回り（r）でt期間複利運用して、ある将来価値（V_F）が達成されるとき、この元本（V_P）を将来価値（V_F）に対する「割引現在価値」といいます。ここで用いる利回り（r）を「割引率」といいます。

式で書くと前ページの図のようになります。

この式を使って、実際に計算をしてみましょう（全て一円未満四捨五入）。

Q1 **割引率が年率五％のとき、五年後の一〇〇万円の割引現在価値はいくらか。**

A1 **七八万三五二六円。計算式は以下の通り。**

$$\frac{1000000}{(1+0.05)^5}=783526.16\ldots$$

Q2 割引率を年率一％にすると、五年後の一〇〇万円の割引現在価値はいくらになるか。

A2 九五万一四六六円（計算過程省略）。

同じ将来価値に対して、割引率が小さくなると、現在価値は大きくなります。これは、金利が低下して、確定給付の企業年金や生命保険会社の運用が苦しくなることの理由に対応しています。将来支払わなければならない額が固定されているのに、運用利回りが小さくなると、将来の支払いのために現在必要な積立金が大きくなるという理屈です。この場合、金利の低下によって保有する運用資産の価値が十分大きくならないならば、不足が発生することになります。

もう一題、複利運用する期間が異なるとどうなるのか、見てみましょう。

Q3 割引率を年率五%として、二〇年後の一〇〇万円の割引現在価値はいくらか。
A3 三七万六八八九円（計算過程省略）。

同じ割引率でも、期間が長くなるほどに現在価値は小さくなります。この例題では、二〇年後の一〇〇万円と、現在の三七万七〇〇〇円弱が同じ価値を持つと見なされるわけです。住宅を買う場合のローンは、数十年と長期間の設定になっていることが多いため、この「将来価値」を理解していないと、大きな計算間違いをしてしまいます。

また、割引現在価値を考える場合、次の点に注意が必要です。

先の例題のように、単一の割引率で現在価値に割り引く場合、どの期間にも一定の割引率を適用していることに注意しなくてはなりません。現実には、「一年先から二年先までの一年間」に適用される金利と、「九年先から一〇年先の一年間」に適用される金利は、異なると考える方が妥当な場合がしばしばあります。しかし、一般に一〇年の債券の利回りや価格を考えるときには、現在から一〇年先まで同じ金利で割引計算を行います。これは、同じ金利で再投資が可能だという前提の下での簡易計算だと考えるとよいでしょう。読者が将来、債券を運用する仕事にでも就くことがあれば、思い出してください。

買うか借りるかを、「割引現在価値」で考える

実際に、ある不動産物件を買うか借りるかの判断を、「割引現在価値」を使って考えてみます。たとえば、不動産経営を思い立った人が、家賃が向こう二〇年間、毎月二五万円欠かさず入り、二〇年後にこれが二〇〇〇万円で売れると期待できる物件を見つけたとします。割引率を六％とした時の適正価格、つまり、この値段だったら買ってもいいだろうと思える価格は幾らになるでしょうか。

家賃が一年に三〇〇万円、二〇年間で六〇〇〇万円になり、その後二〇〇〇万円で売れるのなら、合計して八〇〇〇万円だ、と計算してしまう人は、さすがにいないと思いますが、具体的な計算方法を一緒に見ていきましょう。

まず、一年目に予想される収入が三〇〇万円ですから、その現在価値は、先の公式に当てはめて二八三万円（以下、全て一万円未満四捨五入）になります。

1年目　300万÷（1＋0.06）^{1}＝283万0189…

同様に、二年目、三年目と、一九年目まで毎年三〇〇万円の収入が見込めるので、三〇

○万円を $(1+0.06)^2$、$(1+0.06)^3$、……$(1+0.06)^{19}$ でそれぞれ割って、年ごとの将来収入を現在価値に換算していきます。二〇年目は、二〇〇〇万円の売却価格も合わせて二三〇〇万円の将来収入から計算します。

計算した各年の現在価値の合計が、今回の答えです。結果は左図の通り、約四〇六五万円になりました。

物件が古くなっても家賃が下がらないというのは、計算の便宜上とはいえ、少々強気な想定です。また、他人に貸す投資物件として評価するのなら、家主として負担しなければならない物件の維持コストを考える必要があります。固定資産税などの税金も考えなければなりませんが、計算の概略はこんな感じです。

「四〇〇〇万円で買った物件が、二〇年後に二〇〇〇万円」という想定が厳しすぎると思われるかもしれませんが、年率六％で割り引くと、二〇年後のキャッシュフローの現在価値は将来の金額の〇・三一一八倍（左図参照）に過ぎないので、仮に、二〇年後に四〇〇〇万円で売れると考えても、適正価格は、約六二四万円ふえるだけです。

なお、この計算には、「一括で購入するだけの現金がある」という前提であることにも、注意が必要です。住宅ローンを組んで買う場合は、この判断に、ローンの損得を加味しなければなりません。ローンの損得は、ローン金利と市場で成立しているフェアな金利

「割引現在価値」で考える

時間	将来収入	割引係数（小数点第五位以下四捨五入）	現在価値（1円未満四捨五入）
—	0円	1	0円
1年	300万円	0.9434	283万0189円
2年	300万円	0.8900	266万9989円
3年	300万円	0.8396	251万8858円
4年	300万円	0.7921	237万6281円
5年	300万円	0.7473	224万1775円
6年	300万円	0.7050	211万4882円
7年	300万円	0.6651	199万5171円
8年	300万円	0.6274	188万2237円
9年	300万円	0.5919	177万5695円
10年	300万円	0.5584	167万5184円
11年	300万円	0.5268	158万0363円
12年	300万円	0.4970	149万0908円
13年	300万円	0.4688	140万6517円
14年	300万円	0.4423	132万6903円
15年	300万円	0.4173	125万1795円
16年	300万円	0.3936	118万0939円
17年	300万円	0.3714	111万4093円
18年	300万円	0.3503	105万1031円
19年	300万円	0.3305	99万1539円
20年	2300万円	0.3118	717万1509円
		現在価値 合計	**4064万5858円**

※割引係数…1／(1+0.06)^{時間}

の差として把握できます。端的にいって、**金融機関の儲けの分が借り手の損だと考えるとよいでしょう**。仮に、銀行間で取引する市場金利が一％で、ローン金利が二％なら、ローン残高に対して毎年一％の損が追加される、と考えるのが妥当です。

この際の割引率は、不動産物件の投資利回りに当たりますが、これがローン金利よりも高いから、「この不動産投資は儲かっている」と考えるのは「よくある間違い」です。私はこの間違いを**「欲張り父さんの錯誤」**と呼ぶことにしています。

これは、「リスクの異なる利回りを直接比べてはいけない」というセオリーから外れる典型的な例です。

ローン金利は、借り手としては基本的に確実に返さなければならないリスク・ゼロの利回りです。不動産の投資利回りは、将来の家賃変動、空室リスク、物件価値の変動などのリスクをたっぷり含んだ期待リターンなので、両者を直接比べるのは間違いなのです。

以下は、やや上級者向けの話になりますが、不動産を評価する場合、今回は六％で設定しましたが、割引率をどう設定するかも考えてみましょう。これは難しい問題ですが、REIT（不動産投資信託）などが参考になると考えています。

日本のREITは、不動産投資だけを業務として、収益のほとんど（九割以上）を配当する特殊な不動産会社の株式のようなものです。REITの総資産（注：REITは借り入れが可能です）に対する営業利益の利回りは、家賃収入の物件価格に対する利回りに相当します。

個別の不動産とＲＥＩＴを投資対象として比較すると、ＲＥＩＴは、①何時でも売れるので流動性の点で優れており、②売買の際の手数料が株式並みに安いので取引コストの点で優れていて、さらに③多くの物件に分散投資されているのでリスクが小さい点でも優れています。個別の不動産物件を評価する際には、前記の方法で計算されたＲＥＩＴの利回りよりもかなり（少なくとも二％くらいは）高くなければならないと思っています。したがって、先の例題で使った六％という割引率は、本書の執筆時点で決して高すぎる数値だとは思いません。

通勤距離を金額で考える

マイホームについては、もう一つの論点として「都心に住むか、郊外に住むか」も忘れてはならないファクターでしょう。

ここでは、サラリーマンに対象を絞って考えますが、その場合、**自信をもって都心住まいをお勧めします**。平日には毎日、ほぼ決まった時間を通勤にかけることになる現役サラリーマンにとって、その差は圧倒的です。

通勤時間を金額に換算して評価してみましょう。

たとえば、年収六〇〇万円で、年間二五〇日、一日平均八時間働くサラリーマンだと、一時間あたり三〇〇〇円稼いでいると計算できます。郊外に家を持ち、通勤時間が片道一時間かかる場合、毎月二〇日出勤するとして、一カ月で四〇時間、一二万円分の時間を通勤に費やしている計算になります。これが、職場に近い都心に住み、片道三〇分で通えるとすると、一カ月あたり六万円の差がつくことになります。年収が一〇〇〇万円の人では、この差は一〇万円にもなります。また、現実として、郊外に住むサラリーマンの通勤時間は一時間以上かかるケースが多いでしょうから、その差はさらに大きくなります。

そう考えると、郊外と都心とで、家賃またはローンの差が、年収六〇〇万円の人で月額六万円、一〇〇〇万円の人は一〇万円以内であれば、片道三〇分の分だけ都心に近いところに住む価値があるということです。

さらに、ここでは時給ベースで計算をしましたが、実際のところ、社員は会社からもらう給与のざっと二倍は稼いでいるはずですから（そうしないと会社は採算がとれません）、その人の労働に対するビジネス的な価値は、時給よりももっと大きいと考えるべきです。

また、不動産を購入する場合、同じ広さであれば、都心より郊外の方が安価になります。しかし、建物代と土地代との合計からなる不動産の価格は、郊外では土地代が安くなるために、建物代の占める比率が大きくなります。その結果、年数が経過した後の資産価値の値下がり率は郊外の方が大きくなることも、考慮すべき点として挙げておきます。

一人暮らしは非効率である

本章の目的からは多少逸れますが、住居について考える際に、そこに「何人で住むのか」も重要なポイントです。

一人暮らしはもちろんのこと、いわゆる核家族は、経済的に見て非常に効率の悪い暮らし方だといえます。一人で住んでも冷蔵庫や家財道具は一通り必要になりますが、大人数になったからといって、人数分の冷蔵庫は必要ありませんし、住む人が倍になっても光熱費まで倍にはなりません。

一般に、世帯当たりの人数がふえるごとに、生活費がどれくらいふえるのかは、$\sqrt{n}$（n＝人数）で計算すると、ざっくりとイメージできます。一人暮らしを $\sqrt{1}=1$ とすると、四人家族は $\sqrt{4}=2$ となり、一人暮らしの二倍のお金で四倍の人数を養っていける計算になります。

一緒に住むのに家族かどうかは関係ありませんから、特に都会では、ルーム・シェアをして実質的な「家族」を作り、経済的に効率よく生活するというパターンが若い人を中心に時々あるようです。今後は、身寄りのないお年寄りが集まって共同生活するというパターンがふえてもいいのではないでしょうか。たとえば、年金が月額一五万円の人が三人いたとします。一五万円の一人暮らしでは心細くても、共同生活をして、四五万円で三人が暮らすのならば、多少のお小遣いも捻出できる程度に、余裕のある生活が送れるのではないかと思います。

生命保険

——まずは「入るべきかどうか」を考える

生命保険と付き合う、あるいは付き合わない？

日本人は、他の先進国と比較して極端に生命保険好きの国民です。しかし、生命保険が真に必要で契約すべきであるケースは、実は、あまりありません。にもかかわらず、現実には、少なくない人が、月額の保険料に換算して、たとえば二万円くらいを無駄にしているのではないでしょうか。この場合、一年を通じた損は、約二四万円となります。

生命保険という大きな買い物については、**「どんな保険を買えばいいか」ではなく、その前段階の「本当にその保険に入る必要があるのか」から考えることが大切です。**

私は、かつて日系大手生保二社に勤めたことがあります。この経験と近年の業界の動きから、生命保険に関して、「普通の人」にとって重要な判断ルールとしてアドバイスできることを、以下にまとめました。

生命保険は、「マイホームに次いで、生涯で二番目に高い買い物」といわれることのあるように、一生で払い込む保険料が一〇〇〇万円を超えることも多い「高い買い物」です。しかし、実際には、払い込む保険料の内訳をはじめとして、その内容は正確に理解されておらず、極めて緩い販売ルールの下でビジネスが行われてきました。

さらには、「生命保険は人生において必須の買い物」といった先入観が、社会にしぶとく根付いているように感じます。たとえば市販のライフプランニングの本では、そもそも生命保険は必要かという検討をすっとばして、いきなり「最適な保険をどう選ぶべきか」という内容から始まるものを多々見かけます。実際に私自身、生命保険を買うべきか否か、ではなく、「どのような保険を選べばいいのか」についての取材依頼を受けたことが何度もあります。

「不必要な保険になるべく入らないこと」が、保険に関しては第一の原則です。

保険は「損な賭け」であることを知る

医療保険が、たとえば、支払った保険料の八割以上が（不運にも病気になった人にですが）返ってくる賭けであるなら、それほど「ひどい」ものではないかもしれませんが、日

生命保険との付き合い方 五カ条

（注：付き合わないことを含む）

1. 必要であることが100％納得できる保険以外に入らない
2. 特に、医療保険（がん保険を含む）には入らない
3. 独身の新入社員は生命保険に入らない

どうしても生命保険に入る必要がある場合は……

4. 最小限の保障で（余計な特約抜きで）契約する
5. 価格比較して安い保険（多分、ネット生保）に加入する

本の場合、どうやら一万円支払った保険料に対して、保険会社が支払う医療費は七〇〇〇円に満たない水準であるようです（五〇〇〇円を切る、という説も）。「七〇〇〇円に満たない医療費を一万円で買う」というのは、さすがに馬鹿馬鹿しくはないでしょうか。

そもそも、保険が加入者にとって得な賭けであるなら、ビジネスとしての保険会社は成立しません。保険は、滅多に起こらないけれども、起こった場合には自分で負担できないリスクを負担するために、多くの人を集めて対処する仕組みであり、保険会社はこの仕組みを提供するのが役割です。がん保険の宣伝によく見られるフレーズである、二人に一人はが

んになるとか、三人に一人はがんで死ぬといった、「よくある心配ごと」に対処するにはもともと向かない仕組みなのです。

考えてもみてください。保険は「負の宝くじ」ともいわれますが、二人に一人、一億円が当たる宝くじを売る場合、販売元がビジネスとして成り立つ、つまり赤字にならないためには、かかる経費を全額無視したとしても、くじの価格を五〇〇〇万円以上にしなければなりません。そんな宝くじを買う人はいないでしょう。しかし、それが医療保険となると、不思議なことに、何の疑いもなく（結果的に）大金を出してしまう人が少なからずいるのです。

医療保険に関して問題だと思うことのもう一つには、**健康保険の「高額療養費制度」が十分に知られていない**場合が多いことです（是非、ネットで検索してみてください！）。

この制度は、保険診療で高額の医療費自己負担が発生した場合、一定額（所得によりますが、最大でも一カ月当たり約一四万円）以上の支払いが還付される仕組みです。つまり、**一定額を超える医療費は健康保険組合が負担してくれます**。私たち被保険者は支払う必要がありません。この制度があるために、現実として、医療保険の必要がないケースが非常に多いのです。がん保険を含む医療保険はほとんどの人にとって「損」でありかつ「不要」なのです。また、会社単位で加入している健康保険の場合に医療費の自己負担額の上限が「一月に二万円」といった具合に定められているケースもあるので、加入している制度について調べておくといいでしょう。

また、すでにある程度の金融資産があれば、保険のような「損な賭け」を利用しなくとも対処することができるし、先に説明したメンタル・アカウンティングを応用するなら、「保険料を支払ったつもり」で貯蓄・運用に同額のお金を回しておけば、健康保険と高額療養費制度とを合わせてリスクに対処しつつ、将来の医療費負担を、恐らくより有利な条件で賄うことが可能になります。もちろん、病気にならない場合は、人生を楽しむための資金としてこのお金を有効に使うことができます。

高額にもかかわらず、手数料が非開示という理不尽

生命保険に対して支払う保険料は、保証や貯蓄にまわすために必要な保険料である「純保険料」と、営業活動や保険会社の運営経費など、保障や貯蓄には使われない保険料である「付加保険料」の合計として計算されています。「付加保険料」は、保険と同じ金融商品である投資信託にたとえると、顧客の側から見て販売手数料や信託報酬などの「手数料」にあたります。

投資信託であれば、商品によって運用内容が異なるため、運用成績の違いによって最終

的な資産額に差がつく可能性はありますが、たとえば死亡保障の生命保険の場合、どんな保険に入っていても自分が死ぬ確率は変わらないはずです。そうなると主に差がつくのは「手数料」の高低ですから、**保険に入るかどうかを考える検討材料となるのは、この「付加保険料」がどれくらいなのか**、という点になります。

ところが、現実として、この付加保険料はほとんど開示されていません。これまでに、一部でスクープ報道されたケースのほかには、ネット専業の生命保険会社であるライフネット生命が付加保険料を公開したことがありますが、これ以外には、個々の保険商品の保険料の計算根拠は、保険会社が「対外秘」扱いで厳格に管理していて、消費者に公開されていません。私自身、過去に生命保険会社の運用部門に勤めていたことがありますが、社内でも付加保険料に関するデータを見たことがありませんでした。生命保険は、投資信託よりもはるかに複雑な仕組みで、**損得計算は専門の保険数理人でないと計算できないくらい難しい商品であるにもかかわらず、購入する側は、知ることができない**のです。これは、消費者保護上重大な問題点だと、私は思っています。

開示されていない以上、推測するしかないのですが、率直にいって付加保険料は、支払っている保険料の二割から五割くらいと、投資信託などの手数料とは、桁が一つ違う水準にあるようです。保険をとりまく環境や商品の変化、また業界内の競争などで、商品ごとに付加保険料の占める率は異なると思われますが、一般的な保険に関する限り、私たちが払い込む保険料のうち「三割、四割は当たり前」といった手数料が、保障にも貯蓄にも使われていないのです（もしも、この推測に文句のある保険会社があれば、販売商品の付加保険料を明示して売ってください、と申し上げておきます）。

販売者がどれだけ利益を取っているのか、いったい自分がどんな確率に賭けているのかがサッパリ分からないような商品に高いお金を出すのは、とても賢いお金の使い方とはいえません。

生命保険について心掛けるべき原則は、一点の曇りもなく明らかです。つまり、**できるだけ加入しないこと、本当に必要な保険にだけ泣く泣く加入する**ということです。

それでも保険が必要な場合とその選択肢

たとえば、貯金のない若い夫婦に子供ができたが、夫婦の働き手が万一亡くなった場合に、残った家族が経済的に困って、その場合に誰も（親も、親戚も）助けることができない、というような事態以外に、「生命保険に加入すべきだ」といえるケースは想定できません。

ただし、このケースでも、ある程度の貯金があれば、生命保険を省略できるでしょう。

それでも保険が必要な場合とその選択肢

1. 10年ないし20年くらいの期間限定
2. 掛け捨ての死亡保障の定期保険
3. ネットの生命保険会社から選ぶ

保険会社に貯蓄機能を求めるよりも、
自分で貯蓄したほうがいいのは当然だね

保険料を払うつもりで、その分を貯蓄に回すと、自分が死んだのではない場合には、貯めたお金を別の目的で有効に使うことができます。

　どうしても保険に加入する必要がある場合、**①一〇年ないし二〇年くらいの期間限定で、②掛け捨ての死亡保障の定期保険を、③ネットの生命保険会社から選ぶ**とよいでしょう。ネットで買うと、セールスを使う保険会社の半分程度の保険料で加入することができます。また、契約者の年齢が高い場合は共済が有利になる場合もあります。

　そして、保険は掛け捨てにするべきです。満期にお金を貰える保険は効率が悪く、複雑な特約は不要ですし、高くつきます。保険会社に、保険と資産運用の両方の商売をされることが有利であるはずがありません。保険に貯蓄や運用の機能を求めるべきではありません。

賢いお金との付き合い方の基本として、貯蓄や投資は、保険会社にやってもらうのではなく、自分でやるべきです。

その他、普通の人が生命保険を活用することが合理的なケースは相続税対策でいくらか存在しますが、本書では触れません。

保険の「乗り換え」は誰のためか

生命保険について、もう一つ気を付けるべきは、保険の「乗り換え」です。

通常、生命保険に払い込む保険料のうち、最初の二年分くらいは、主に営業経費に見合う付加保険料に充当され、契約者の積立金にはほとんど回らないようになっています。つまり、保険会社は、一度保険を販売した顧客に、数年おきに契約の見直しや乗り換えをしてもらうことで、自分たちにとって「美味しい二年間」を何度も得るということなのです。

また、新しい保険を契約する場合に、以前の保険での積立金を新しい保険の保険料の割引に使って「お得」に見せかけるのもよく使う手なので、注意が必要です。

セールス担当者が「アフター・フォロー」といった名目で、コストと時間をかけて、既存顧客にコンタクトを取り続けるのは、決して顧客のためのサービスが目的なのではありません。3限目でも述べましたが、保険会社は、広義には金融機関の一つであり、「客から儲ける」のが仕事です。無料の親切はありません。彼らとは、銀行や証券会社等と同様に、あるいはそれ以上に距離を取った付き合い方をするのが安全です。

6
限目

初心者のための投資の基本と考え方

投資は自分のためにする

ここから4限にわたって、お金のふやし方のメインテーマである「投資」についてお話しします。

ほとんどの人にとって、自分の稼ぎをいかに充実させるかということが重要であることはすでに述べました。しかし、**仕事での稼ぎと並行して、お金自身に稼いでもらう「投資」にどう取り組むかも、お金を殖やす上では見過ごすことはできません。**

現在、私自身は、証券会社の社員という肩書を持つ立場上、自由に投資を楽しむわけにはいかないのですが、多くの人の場合、仕事と「並行して」取り組むことができるのが投資のいいところです。投資を味方につけるか否かで、長い目で見ると、人生の豊かさが、金銭的にも、ついでにいえば精神的にも、大いに変わってくるのではないでしょうか。

人生の豊かさにおいて、「お金の運用の巧拙」は何番目に大切か

はじめに、すでに資産運用をしている人、あるいはこれから始めるという人も、全ての個人投資家の皆さんにお伝えしたいことが二つあります。「投資」の心得やノウハウを知る前に、まず「投資」との向き合い方について、考えてほしいポイントです。

一つは、「**『投資』だけで、人生の経済的な余裕を全てまかなおうと思わないでください**」ということです。

講演や大学の授業の中で、「普通の人にとって、お金の運用が上手いか下手かは、豊かな人生を送る上で次のうち何番目に大切でしょうか」という問いかけをすることがあります。

経済的に豊かな人生を送るために必要と思われる要素として、「**①稼ぎの多寡**」「**②支出・貯蓄の習慣**」「**③不動産（マイホーム）**」「**④生命保険**」「**⑤お金の運用の巧拙**」の五つが挙げられます。①から④までは、ここまでの各章で取り上げてきたものばかりですから、勘のいい人ならお気づきかもしれません。

実は、右に挙げた五つの要素は、それぞれ与える影響が大きいと思われる順に並べてあります。「お金の運用の巧拙」は、このうちの五番目なのです。

私自身の仕事上の利害からすると、「お金の運用の巧拙が、経済的な豊かさに及ぼす影響は大変大きい！」といえるととても都合がいいのですが、残念ながら、普通の人にとっては、お金の運用が上手いか下手かは、それだけで人生の成否が決まるほどの重要性を持ったスキルではありません。また、多少逆説的ですが、世の中には間違った運用をやっているのに案外無事に人生を送っている人がたくさんいます。運用の巧拙は、少なくとも普通の人の人生にとって「決定的」ではありません。

むしろ、「老後の不安」や「将来の経済的な不安」のような人生の大問題が、「お金の運用だけで何とかなると思わないこと」の重要性を強調しておくべきでしょう。

たとえば、金融機関やヘッジ・ファンド、年金基金等といった機関投資家は、個人投資家と違って、場合によっては兆円単位にもなる大口資金を運用していますが、彼らの運用計画を見たとしても、国内外の株式に対して期待できると考えている収益率は、せいぜい金利プラス五%か六%程度です。期待収益率を年間六%だと仮定しても、運用額五〇〇万円に対して年間三〇万円の収益に過ぎません。投資による運用益だけで個人の経済状況を改善することが、いかに難しいかが想像できると思います。

ただし、「お金の運用」それ自体が重要ではない、ということではありません。

お金の運用は、本人が働いていたり、遊んでいたり、病気で寝ているときであっても、本人の働きに関係なく、同時に進行して成果をあげることができます。特に、稼ぎに関していうならば、**自分も働いて稼ぐ一方で、金融資産も働かせることによって、二つの収入源から収益が生まれる態勢を作ることができます。**

「投資だけ」で、全てまかなおうとしない

**お金のプロ機関投資家であっても5%～6%
投資による運用益だけで経済力を改善するのは難しい**

↓

**自分も働いて稼ぐ一方で、金融資産も働かせることによって、
二つの収入源から収益が生まれる態勢を作る**

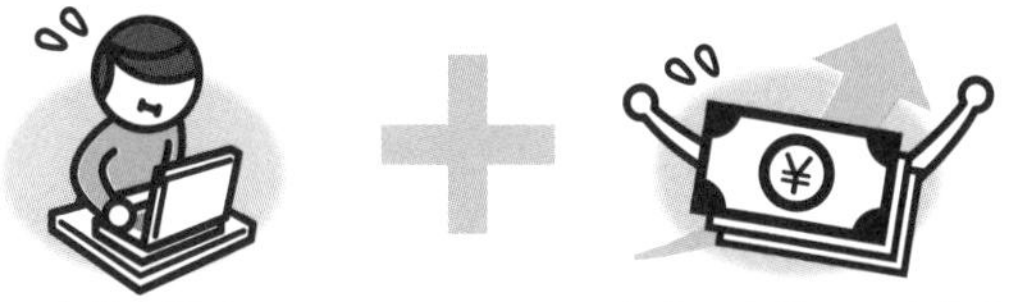

自分も稼ぐ　　お金にも稼いでもらう

お金の運用を上手く行う、ということは、煎じ詰めると**自分のお金を適切な場所に置く**ということになります。自分のお金を適切に配置することによって、お金自身がまたお金を稼いでくれるのです。そして、その手間はほとんど掛かりません。

また、私を含め多くの人にとっては夢の世界の話にとどまりますが、運用資金が大きくなれば、持ち主の稼ぎの多寡を超える影響力を持つようになることがあり得ます。運用資金が大きくなるほどに、「お金の運用の巧拙」の重要性も大きくなっていきます。

最後に、どれくらい重要なのか、という判断とは別に、お金の運用が、知的な

刺激とやり甲斐に満ちた「楽しいゲーム」であることを付け加えておきます。「楽しい」という形容詞や「ゲーム」という名詞には、人によって心に抱く軽重に差があるでしょうが、私は、「人生はゲームだ」と思っていますし、「楽しい」は最上級に近い褒め言葉です。

もちろん、押しつけるつもりはありません。ですが、本書でお金について学ぶ皆さんには、ぜひ、運用の楽しさを知ってほしいと思います。

「貯蓄から投資へ」のスローガンは本当に正しい？

二つ目は、**「投資は自分のためにしてください」**ということです。

私はかつて、獨協大学で「金融資産運用論」と題して、学生にお金の運用方法について伝える授業を持っていました。そこで以前、日本の投資教育をテーマに試験問題を出したことがあり、学生の書いた答案を読んでいて、意外に感じた点がありました。

それは、投資教育の目的として、日本の経済を活性化させるために「貯蓄から、投資へ」の実現が大切だ、という意見が多数あったことです。

キャッチ・フレーズとしての「貯蓄から、投資へ」がいつ登場したのかは、定かではありません。預貯金に集中しがちな日本人の金融資産を取り込みたい証券業界が言い出したのではないかと思っています。さらに一九九八年以降、銀行でも投資信託を取り扱えるようになってからは、銀行関係者からも、このフレーズが聞かれるようになりました。そして、二〇〇〇年代に入ると、株価を上げて景気を浮揚し、国民の人気を盛り上げたいと考えた時の政府も、「貯蓄から、投資へ」をスローガンに掲げるようになったのです。この間、私は、運用会社や証券会社に勤めていたり、経済評論家をやっていたこともあり、その片棒を担《かつ》いでいたといえるでしょう。

しかし、「貯蓄から、投資へ」が本当に好ましいのか、また好ましいとして、なぜ好ましいのかは、案外判然としません。銀行の口座に眠っているお金が投資に回ることで国や経済全体が元気になるとか、企業の株式に投資することでその企業を応援するのだ、といったことをまことしやかに語る人をたくさん見てきました。**投資とは、投資をする本人にとって、どうプラスになるかが重要**であるのに、その視点が曖昧にされてきたわけです。

実際には、投資して有望だと思う対象さえあれば、貯蓄で集まったお金でも、金融機関が投資や融資に回すでしょう。ですから、足りないのは、投資に回すお金ではなく、投資するに値する対象であり、重要なのはリアルなビジネスが育つ環境を作ることに他なりません。

しかし、これまで日本では、二〇一二年ころまで二〇年以上の長期にわたって株価が低迷し続けました。結果から見ると、「貯蓄から、投資へ」というフレーズを信じないで、銀行預金や郵便貯金に留まり続けた人が正解だった時期が長かったのです。もちろん、この先の二〇年がまた同じ結果になるとは限りません。今後について、どちらが正解となるのかは誰にも分かりません。

投資は、あくまでも自分のために行うべきものであり、他人や国のために行うものではありません。そして、国のため、経済全体のために投資したといっても、その結果には、否応なく「自己責任」がついて回ります。あなたがどれだけ損をしても、「貯蓄から、投資へ」と煽った人たちが責任を取ることはありません。

よい結果が出るときばかりではないこと、ダメだと思うときには投資しないという選択肢もあることを知った上で、投資に参加してほしいと思います。

リスクから投資を考える

投資は、損をしてもいいと思える金額の見当から

「投資をする上で、一番大切なことは何ですか？」

これは、雑誌のインタビューなどで、はじめに聞かれることの多い質問です。続けて、「初級者向け、上級者向け、それぞれに合ったアドバイスを何かお願いします」と言われることもあります。

その場合、**「初級者でも上級者でも大事なことは同じです。投資をする前に、まずは幾らまでなら損をしてもいいかの見当をつけて、その範囲内で投資をしてください」**と答えています。今、改めて考えてみても、やはりこれが一番大切な心得だと思います。

株式であれ、債券であれ、損をする可能性がある運用をするときは、自分が年間でどれくらいの損失まで許容できるかをまず考えます。そして、最悪の場合でも、損失がその許容範囲の内に収まる金額を上限として投資をする、ということです。

初級者でも上級者でも大切なことは同じ!
損失がその許容範囲の内に収まる金額を
上限として投資をする
たとえば
上限を決める
損失を想定する
最大額を決める
150万円まで
なら損できる
損失は最大で
3割くらいだろう
500万円まで
なら投資に回せるな
▲150万円
MAX
500万円

ちなみに、ある調査によると、難しくて新しいビジネス上の課題に対して、学校秀才的エリートは考えられる問題のすべてに対処出来るかどうかを考えてから動こうとするのに対して、成功したベンチャーの経営者は最大限の損失を先ず想定して、それに問題がなければ、直ちに物事に取りかかって、事態を進めながら問題に対処しようとするそうです。

さて、たとえば、一年間の最大許容損失額が一五〇万円だとした場合、運用による損失を最大でも投資額の三割程度だろうと考えると、五〇〇万円まで投資できるという計算になります。もちろん、五〇〇万円全額を投資に回す必要はありませんが、この範囲内でリスクを取る資産への投資金額を決めることになります。

投資を始めるときは、どうしても「どれだけ儲けられるか」の計算ばかりに目が向きがちです。しかし、それ以上に**あらかじめ「損」の計算をして「最悪の場合」に備えられるように、意識的に考えることが重要です**。それができない、つまり自分がとっているリスクを直視できないような人は、投資を始めるべきではありません。

もう一つ大事な理解として、**投資においては、初級者と上級者の区別はない**と思ってください。

株式投資を例にあげると、同じ銘柄を同じ期間保有していれば、初級者が買っても、上級者が買っても、収益率は同じです。現実として、上級者でも初級者と変わらない程度に銘柄選択を間違えることはあり、また、初級者だからといって市場に手心を加えてもらえることはありません。マネー雑誌などでは、初級者・上級者とレベル分けをして、それぞれもっともらしいノウハウやお勧めの金融商品を紹介する記事をよく見かけます。一つには、雑誌の編集者にとって「○○別（年齢別、年収別、果ては血液型別まで！）」といったタイプ別の運用法があるとした方が、ページのレイアウトを埋めやすいという事情があります。しかし、一番の理由は、こうした分類をすることで、金融商品の販売会社がターゲットを絞って売りやすくするために他なりません。雑誌の側でも、販売会社から幅広く広告を集めることができるので、こうした雑誌の構成がなくなることは、今後も期待しにくいでしょう。

上級者だからとおだててリスクの高い商品を買わせたり、初心者にはこれが人気なのだと言って、知識がないことを利用してコストの高い商品を勧めるのは、彼らの常套手段だと知っておいてください。

リスク資産にいくら投資すればいいのか

さて、「投資をする上で、一番大切なこと」が分かったとして、このアドバイスを実践するにあたっては、「自分が損をしてもいい金額はいくらか」と「最悪の場合、その運用による損失は何割程度になるのか」の二つの具体的な数値が必要になります。

まず、「損をしてもいい金額」については、投資家ごとに異なり、個人の人生観や好みまで動員しないと決まるものではありません。当然、答えも、その答えを導き出す考え方も、一つではありません。

たとえば、「年収五〇〇万円で年間の生活費は四〇〇万円、金融資産額が六〇〇万円、借家住まいで当面結婚の予定はなく、健康な三〇歳の会社員」という程度まで条件が細かくはっきりしている人であっても、金融資産六〇〇万円のうち、株式などのリスク資産にどれだけ投資するのがいいかは、簡単に計算できるものではありません。

ある人は、年収の二年分程度を「生活防衛資金」として安全資産で貯めてからでないとリスクを取った運用をするのは早いと説き、また別の人は、当面使う予定のないお金があるなら、破たんしない範囲で全額投資しても、まだ足りないくらいだと言います。どちらが正しくて、どちらが間違っていると言い切ることはできません。

実際に、ある程度の生活防衛資金があれば、生命保険が不要になり、健康保険に入っていれば医療保険も不要なので（5限目参照）、ムダの大きな出費を避けることができます。お金の余裕は運用にとってもプラスです。この考え方を採用すると、この会社員が投資を始めるのは、数年先の話になります。

一方で、リスク資産ではあっても、株式や投資信託は必要に応じて容易に換金可能です。また、どちらも分散投資されたかたちでの投資なら、数日で価値がゼロになってしまうことは考えにくいでしょう。生活防衛資金の相当部分はこうした資産で構わないとして、安全資産は月収の三カ月分程度でよいと考えることもできます。

また、個人的にはあまりお勧めしませんが、破たんしない範囲で、最大額のリスク資産を持つほうがいいという意見は、サラリーマンならある程度の「人的資本」が見込めることから、金融資産がマイナスになってもなんとかなるだろうから、信用取引や先物を使ってもっとリスクを取ってもいい、との考えからでしょう。実際、大きな借金を負って不動産を買う人は、不動産でこの種の信用取引をやっていると考えることができます。

いずれの場合でも、共通して大切なことは、**「最悪の場合」にどう対処するかを考えておくこと**です。運用はどうしても儲けから考えて始めがちですが、敢えてリスクに眼を向け、損から考えることが大切です。

それにしても、リスク資産にどれくらい投資するかは、ゼロから一〇〇％以上まであり得るくらい答えの幅は広く、一概に決められるものではないことがわかります。

リスクとリターンの考え方

次に、「運用商品のリスクをどれくらいと見るか」については、「標準偏差」を使って、ある程度、計算によって考えることができます。

ここで、改めて「リスク」と「リターン」という言葉の運用における意味合いを確認しておきましょう。

たとえば、購入価格が一〇〇万円で、一年後に五〇％の確率で一二五万円になり、また五〇％の確率で八五万円になる商品Aがあるとします。この場合、一年後に期待できる金額を平均すると、一〇五万円になります。一〇〇万円が平均的には一〇五万円になると考

投資におけるリターンとリスク

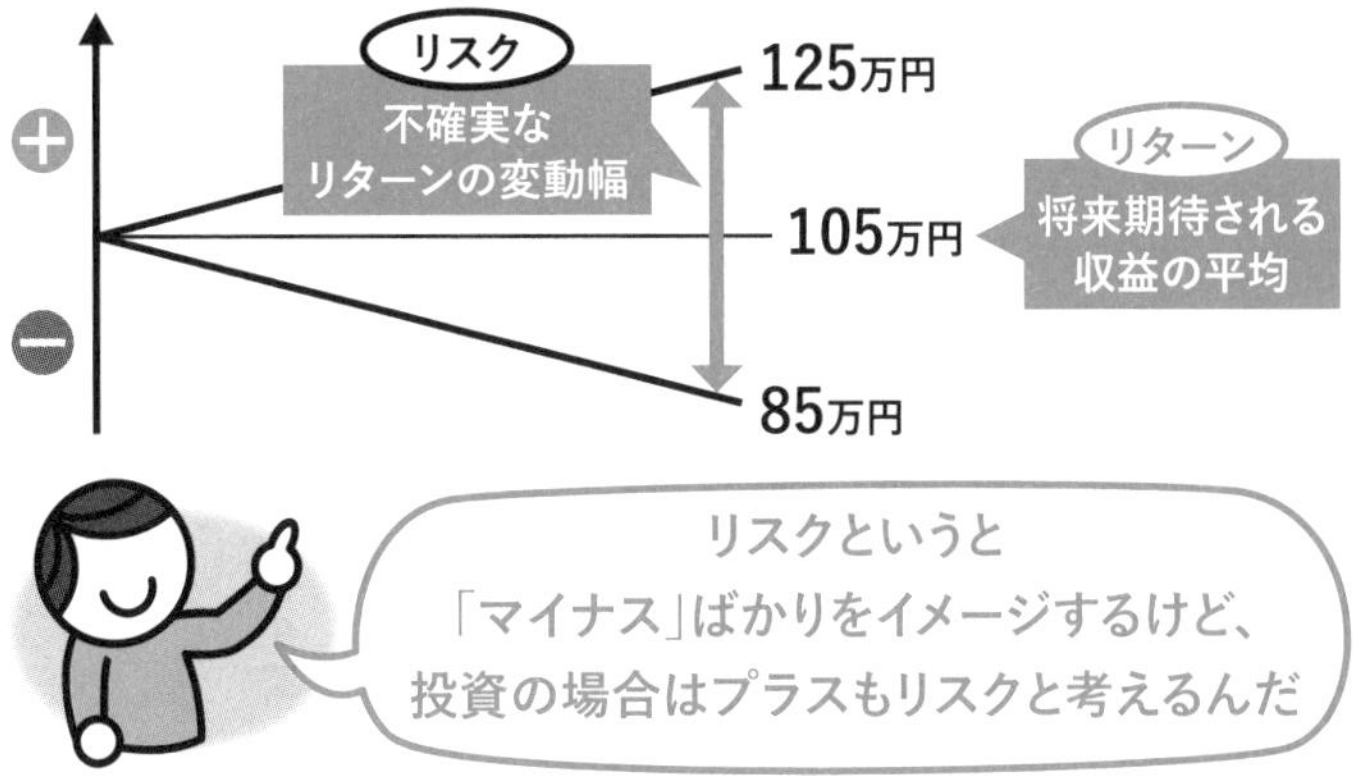
リスク
不確実なリターンの変動幅
125万円
105万円
85万円
リターン
将来期待される収益の平均
リスクというと
「マイナス」ばかりをイメージするけど、
投資の場合はプラスもリスクと考えるんだ

えた際の利回り五%が、この商品の「期待リターン」であると考えます。**運用における「リターン」とは、「投資収益（率）」のことであり、たいていの場合、将来期待される収益（主に年率で）の平均値で表します。**

もう一つ、運用の世界で一般に「**期待**」**というときは、「心待ちにする」という意味ではなく、「確率を加味して予想される平均値」という意味**であることもあわせて覚えておいてください。

一方で、「リスク」という言葉には、一般に「危険」あるいは「望まない、良くない事態が起こる可能性」といったマイナスのイメージを持つことが多いかもしれません。しかし、運用の世界においては、少々異なります。

この商品においては、一年後に八五万円または一二五万円になる可能性があることから、上下に二〇万円、二〇％ずつの不確実性があります〈(125-85)÷2＝20〉。この場合の「二〇％」、すなわち**リターンの変動幅が、運用の世界でいう「リスク」の具体的なイメージ**です。「五〇％の確率」で上下に「二〇％」という具合に、確率と幅をセットで考えます。リスクの定義の仕方は一通りではありませんが、一般的にはこのように考えることが多いので、覚えておくとよいでしょう。この場合の「リスク」では、マイナスになる可能性だけでなく、一〇〇万円が一二五万円とプラス方向にぶれる可能性も含まれます。

次に、この商品Aを、一〇〇万円が一年後に五〇％の確率で九三万円か一一七万円になる商品Bと比べてみましょう。商品Bも、一年後の期待リターンは五％と先の商品と同じになりますが、上下変動の幅、すなわちリスクは一二％です。期待リターンが同じでリスクがより小さいので、他の条件が同じであれば、商品Bの方が良いと判断するのが基本です。

程度の判断は人それぞれですが、より大きなリスクに対しては、より大きなリターンを求めるのが原則です。実際に、市場ではリスクと期待リターンが取り引きされています。

前章の債券の説明で、「発行体の信用度が低下すると利回りが上昇する」とお話ししまし

リターンとリスクの具体的なイメージ

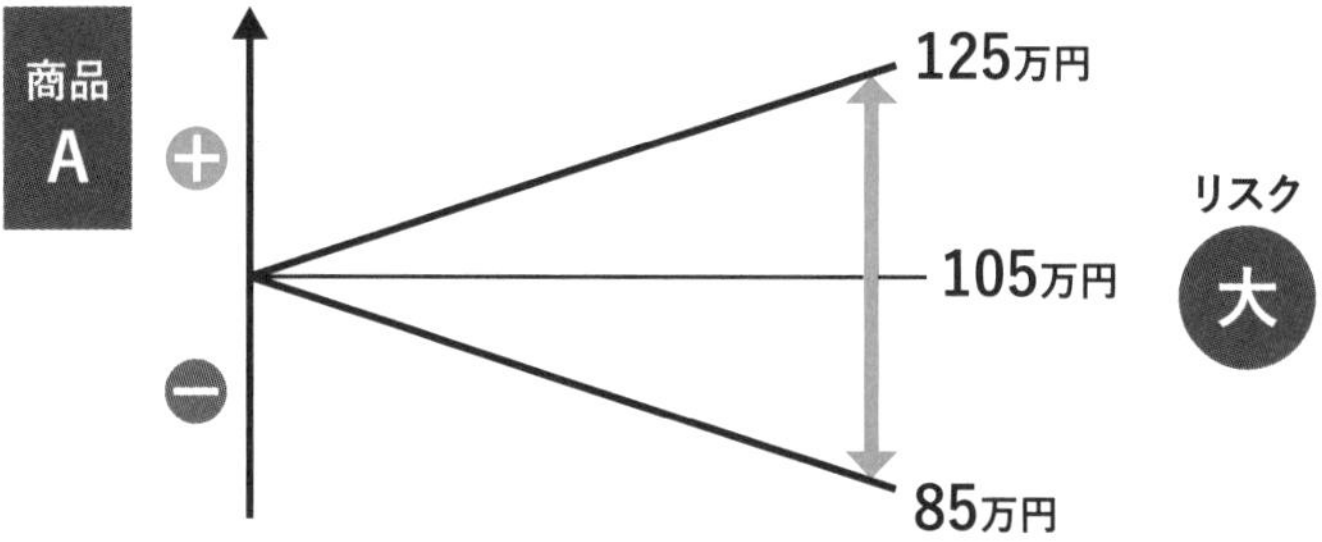

商品
A
125万円

大

(125 − 85) ÷ 2 = 20

リターン = 105万円
リスク = 20%

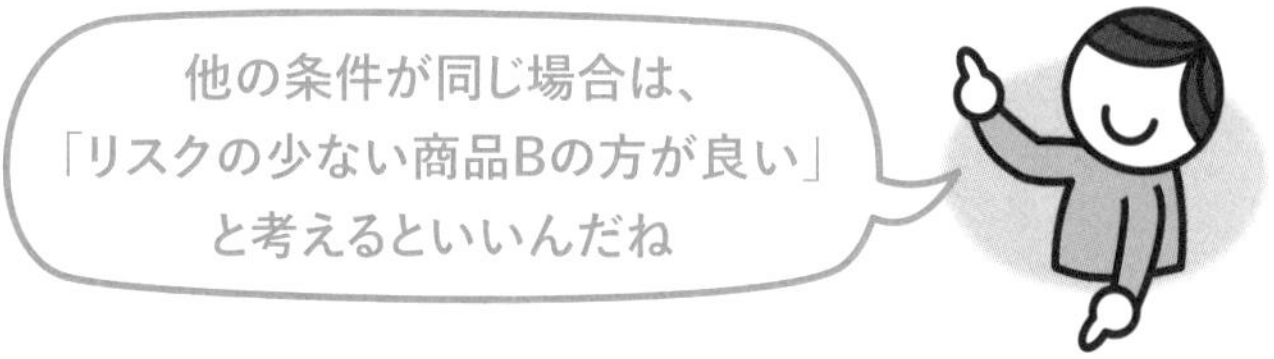

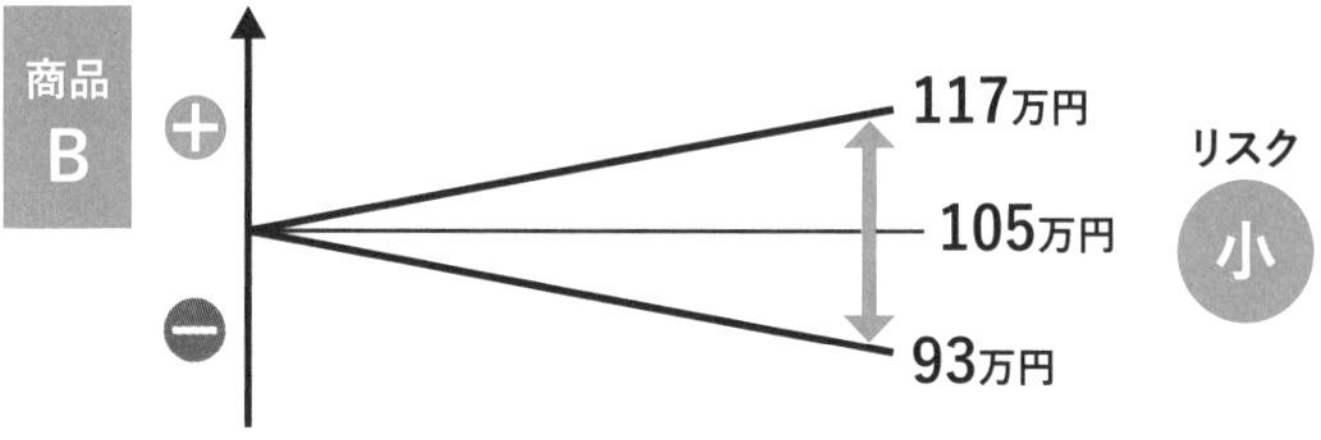

他の条件が同じ場合は、
「リスクの少ない商品Bの方が良い」
と考えるといいんだね

商品
B
117万円

小

(117 − 93) ÷ 2 = 12

リターン = 105万円
リスク = 12%

85万円

93万円

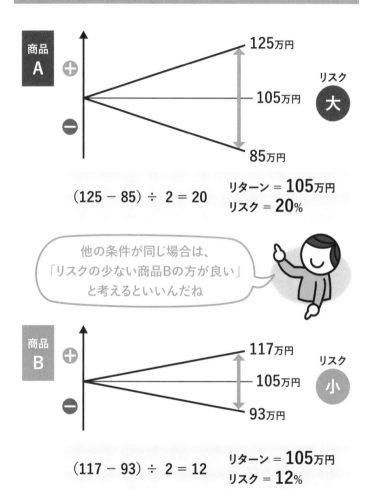

たが、これも同じ原理によるものです。市場の参加者が、リスクとリターンについて正しい情報を持っていれば、より大きなリスクの投資対象がより大きな期待リターンになるような価格で取引が成立するはずだと考えられます。この考え方が**「ハイリスク・ハイリターンの原則」**です。

ただし、あくまでも市場参加者が正しい情報と判断力を持っている場合、ということに注意が必要です。そして、**結果が必ずそうなるという「法則」ではなく、理屈上そう期待できるという緩い「原則」である**ということを忘れないでください。株式は債券よりもリスクが大きいと一般に考えられますが、株式の方が「必ず」リターンが高いといえるわけではありません。

「ハイリスク・ハイリターンの原則」が絶対ではない以上、リスクの損得感覚を身につけることはとても大切です。「この商品はリスクが高いのだから、きっとリターンも相応に高いはずだ」、などと常に考えるようでは、売り手にとってよい「カモ」でしかありません。

リスクはリターンの「標準偏差」で表す

リターンの変動の幅は、**「標準偏差」**で表します。

「標準偏差」の定義や計算方法については高校の数学の教科書に譲り、細かに説明はしませんが、ざっくりと説明するなら、**確率でウェイト付けされた平均値からの平均的なブレの大きさ**を意味します。平均値から、上下にどれくらいのバラツキがあるかを測るモノサシです。

将来の株価が幾らになるかは、誰にも分かりません。一〇〇万円で買った株式が、一年後に八五万円になるのか、一一五万円になるのか、あるいはその間の価格に落ち着くのか、将来のリターンには幅があります。このように将来が確定していない状態を「リスクがある」と表現します。確実に一〇五万円になる場合、将来のリターンは確実に五%であり、リターンにバラツキはありません。これをリスクがない状態、「無リスク」だと表現し、この場合の商品を、株式などの「リスク資産」に対して「無リスク資産」と呼びます。標準偏差については、数学的にも扱いやすく計算しやすいことの他に、一般にこの方法でリスクを考えることが広く普及しているため、覚えておくと、運用について、他の人ともコミュニケーションを取りやすいというメリットがあります。

運用の問題を考えるときの「リスク」は、リターンの標準偏差で表現するのが、事実上の「標準」であって、それ以外の方法は、あまり使われていません。

また、リスクとリターンに関しては、**「期待リターンが同じなら、予想される結果のバ**

ラツキが大きくない（＝リスクが小さい）方が好ましい」という点は、まずは覚えておいてほしいと思います。

リスクを標準偏差で計算する

リスクをリターンの標準偏差だと定義するとして、具体的にどのような数値であり、さらに、どのような使い方があるのかを、実際に問題を解きながら考えてみましょう。

Q ある大手信託銀行が作成した資産運用計画によると、「国内株式」について期待リターンを六・二％、リスクを一八・八％と設定していた。この計画から、国内株式に投資する場合、一年間で最大何％の損失可能性を考えていると読むことができるか。

A 三一・四％

［期待リターン］－［リスク］×2＝6.2％－18.8％×2＝－31.4％

この計算式について解説しましょう。

株式などのリターンの分布は、たいていの場合、完全な正規分布にはなっていません。

しかし、計算の便宜上、簡単に扱うために正規分布で考えることが多く、つまり、平均値のプラス側とマイナス側とで左右対称の釣鐘型になっていると考えます（平均値付近のデータが最も多く、平均値から離れるにつれてデータ数は減少する）。この正規分布で考えると、データの約六八％は、平均プラス・マイナス一標準偏差の範囲内にあり、平均プラス・マイナス二標準偏差まで範囲を拡げると、約九五・四％のデータがこの範囲に入ります（次ページ図参照）。

先の計算では、平均値（期待リターン）から標準偏差（リスク）二つ分、つまり「二標準偏差」の範囲の中で、最悪の場合のリターンを求めたものです。

この「最悪」がどれくらい「悪い」ものなのかは、受験経験者は、たとえば、試験の偏差値で考えると分かりやすいかもしれません。「平均マイナス二標準偏差」は「偏差値三〇」に相当します。

「最悪」と言っても、「二標準偏差」内に収まらないデータが約四・六％ありますから、ここでの想定で現れ得るデータのうち、二・三％程度は、この値よりも悪くなり得ます。実際、リーマン・ショックの年の株価は、もっと下げ率が大きく、二標準偏差外にあったと考えられます。

それならば、もっと大きな範囲まで拡げて最悪のケースを想定するべきだという意見も

正規分布と標準偏差

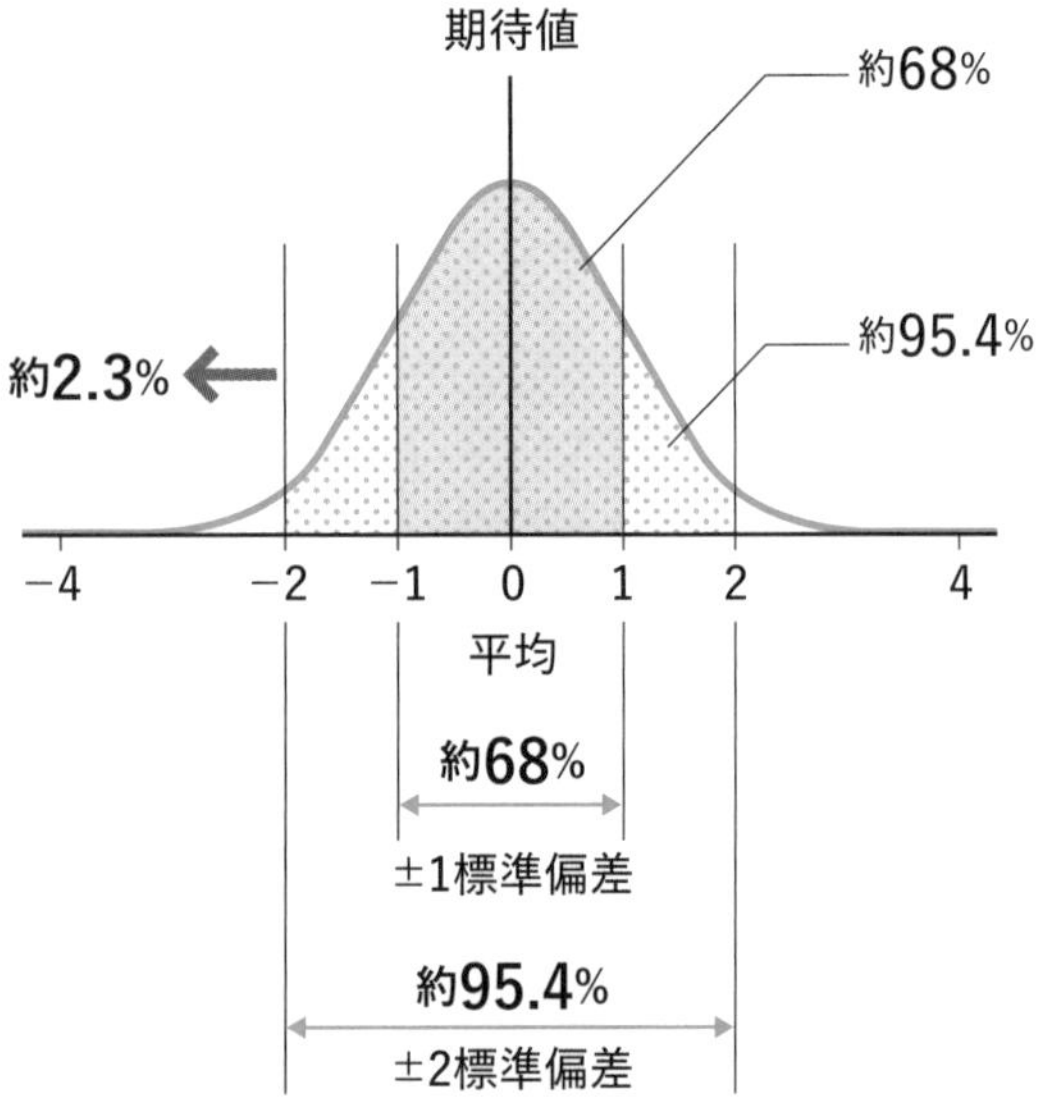

[期待リターン] − [リスク] × 2

たとえば

6.2% − 18.8% × 2 = −31.4%

100万円投資 → **最悪の場合** → **68.6万円**

(95.4%の確率で131.4万円〜68.6万円の間になる)

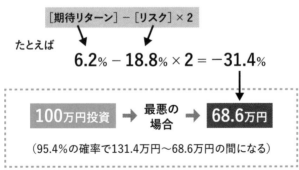

ありそうですが、**金融の世界では、「平均マイナス二標準偏差」を「最悪」の目処として想定する**ことがほとんどです。

一つには、最悪を想定するときりがなく、またもう一つには、あまりに悪いケースを考えることにすると、投資をしたいという人が減るから、という金融ビジネス側の事情もありそうです。

ただし、株式のリターンのようなものの場合、一日で二標準偏差分のマイナスが実現することは考えにくいので（「絶対」とはいえませんが）、必要があれば、途中で逃げ出すことは可能な場合が多いでしょう。

「平均マイナス二標準偏差」がベストかどうかには議論があるとしても、あらかじめ悪い場合を想定し、「最悪の場合の見当をつける」ということは重要です。

最後にもう一つ、例題を出しておきます。復習がてら、考えてみてください。

Q　株式の期待リターンが五％、リスクが一五％だとするとき、一年後の損失を一〇〇万円以内に抑えたいと考えた場合、株式に幾らまで投資できるか？（「最悪の場合」を「平均マイナス二標準偏差」で想定します）

A　四〇〇万円

最悪の場合、損失は投資額の二五％（5％－15％×2＝－25％）だから、投資金額の二五％が一〇〇万円になるような金額の上限は、100万円÷25％＝400万円

「最悪の場合」から考えるのは、あまり愉快でないかもしれませんが、許容できる損失額から、リスク資産に対して投資可能な額を逆算する計算方法は、しっかり身につけておいてください。あらかじめリスクについて考えるということには、意識的な努力が必要になりますが、投資に限らず、重要な問題にはこうした思考法が大切です。ビジネスの世界ではメインシナリオの想定が狂った時のプランの事を「プランB」と呼びますが、投資を含めて人生では「プランB」的な考え方が大事です。

「長期投資でリスクが縮小する」は誤り

次に、運用期間とリスクの関係について考えてみましょう。

はじめに結論からお伝えすると、**「長期投資でリスクが縮小する」あるいは、市場全体や個別銘柄の将来の株価について、「短期ではよく分からないけれども、長期でならある程度予測できる」とする考え方はおおむね誤りです。**

運用期間が長期化するほどに、当然のことながら、将来の不確実性は増していきます。運用資産額が取り得る期待リターンの上下の幅、つまり不確実性は、運用期間の長さにつれて拡大します。将来の予測にしても、短期だと、予測が外れたことがすぐに結果に表れますが、長期の予測は、それが外れたかどうかの検証に時間が掛かります。その間に、特に外れた場合は、遠い昔の自分の予想を忘れがちになり、当たった場合の方をより多く覚えていることから、「実感として」長期の予測の方が当たりやすいように考えてしまうのです。

長期投資には、収益の期待値を稼ぐ効果はあっても、リスク低減効果はありません。

しかし、現実には、プロの運用者でも誤った事実を信じている人がいて、運用者や金融機関のそういった説明を真に受ける一般投資家も少なくありません。『ウォール街のランダム・ウォーカー』（バートン・マルキール著、井手正介訳、日本経済新聞出版）という、資産運用についての大変有名な本がありますが、この本においてさえ、「投資期間が長期だとリスクが小さくなるので、投資家はより大きなリスクを取ることができる」といった趣旨の、「明らかな間違い」が述べられています。

期待リターンがプラスの場合（そもそも、プラスでなければ投資しようとは思わないはずです）、運用期間が長くなるにつれて、運用資産が元本割れする確率は小さくなります。しかし、運用期間が長くなるということは、それだけ期待する運用資産の増加も大きいはずです。何十年も長期にわたって運用した結果が、元本割れしない程度であれば、誰でもがっかりするでしょう。「元本割れしないから、長期投資は有利なのだ」ということはできません。

それでは、長期投資そのものにメリットはないのかというと、そのようなことはありません。**売買のときに発生するコストは、投資期間が長期化するにつれて、年率換算では縮小します。**たとえば、売買手数料が一%の投資信託を一〇年間保有する場合、一〇年間で一%ですから、一年あたりのコストは〇・一%です。一方、同じ投資信託を一年単位で、一〇年間毎年購入すると、一年あたりのコストが一%、一〇年では単純計算して一〇%かかることになります。短期での売買が不利であることが分かります。

その商品のリスクは「投資」なのか「投機」なのか

「投資」と「投機」をどう区別するかは古くからあるテーマですが、どこが違い、どう区別して扱えばよいのでしょうか。

一般に、投資は「善」で、投機は「悪」のイメージを持つ人が多いようです。さらに「時間」の要素を付け足して、「長期保有を目指すのが投資、短期売買で稼ぐのが投機」とか、もっといい加減なところでは「リスクがそこそこまでのものが投資で、リスクがひどく大きいものは投機」というような、実に曖昧な区別で済まされてきたように思います。

長期保有を目的に購入しても、市場の状況や個人の経済的事情によって、短期間で売り払いたくなることがあるでしょうし、その反対の場合もあるでしょう。また、リスクの大きさを基準にするとして、具体的な数値を基準に、ここまでが「投資」、ここからが「投機」と明確な線引きはできません。現実には「そこそこのリスクだから」というセールスを信じて、実際には「ひどく大きい」リスクの商品を買っている投資家もいるのですから、リスクの大きさを正確に測るのは、そもそもとても難しいことです。

「投資」と「投機」の違いは、経済的な性質の違いによって区別するのがいいと、私は考えています。

つまり、**何らかのリスクを取って経済的な生産活動に資本を提供する行為を「投資」と呼び、お互いの見通しの違いに賭けるゼロサム・ゲーム的なリスクを取ることを「投機」と呼ぶ**ことで、両者を区別するのです。

株式投資は企業の利益を、不動産投資では家賃収入などを期待して資金を投じており、この資金、つまり「資本」は何らかの生産に貢献しています。もちろん、目論見が外れることはありますが、投資では、その本来の性格として、何らかの生産の対価を期待できま

「投資」と「投機」の違い

投資

何らかのリスクを取って経済的な生産活動に資本を提供する行為

ハイリスク・ハイリターンが期待できる

投機

お互いの見通しの違いに賭けるゼロサム・ゲーム的なリスクを取る行為

ハイリスク・ハイリターンが期待できない

す。

これに対して、投機では、買い手の反対側には売り手がいて、基本的にゼロサム・ゲームの構造になっています。ある商品の将来の価格が上がるか下がるかに賭ける商品先物取引のリスクは、おおむね投機のリスクといっていいでしょう。

実際の取引では、商品先物がリスクのヘッジに使われることもあるように、投機自体が経済的に悪いものだということではありません。また、ある株式に投資する場合に、平均並みのリターンを期待する以上に、他の市場参加者がこの銘柄を過小評価しているという判断に基づいてより高いリターンを期待する場合、この判断に関するリスクは投機の色彩を帯びます。現実には、投資と投機はしばしば混在していると考えられます。

理論の世界で「投資」と「投機」を考えると、投資にあっては、そのリスクについて市場の参加者が完全な知識を持っていたとしても、リスクに見合った追加的なリターンが期待できます。投資の場合、資産の価格がそのように決定されると考えられます。これに対して、投機では、確かに両者共にリスクを負っていますが、売り手と買い手の損益の合計は基本的にゼロです。つまり、理屈上、ハイリスク・ハイリターンが期待できるのが「投資」、ハイリスク・ハイリターンが期待できないのが「投機」という重大な違いがあります。

投資と投機では、リスクとリターンの関係が異なることに注意が必要です。**その商品のリスクは「投資」なのか「投機」なのか、購入する前にそれがどちらのリスクを持っているのかを考える習慣をつける**とよいでしょう。

尚、株式などの「投資」の場合、企業の利益や経済が成長しなくても、その事を織り込んだ上でリスクを補うリターンを考慮した資産価格が形成できます。「株式投資は成長しなければ儲から『ない』」との考えは誤りです。

インカム・ゲインとキャピタル・ゲインを分けて考えない

最後に、大事なことなのであらためて説明しますが、**資産運用では、インカム・ゲイン**

とキャピタル・ゲインの二つを「合わせて」評価することが基本原則です。

インカム・ゲインとは、預金の利息、株式の配当、投資信託の分配金のような現金収入で、多くの場合は、定期的に入る収入です。一方、キャピタル・ゲインは、株式や債券などの価格や投資信託の基準価額など、運用元本の値上がりによる利益です。これら元本は値下がりする場合も当然ありますので、その場合は、マイナスのキャピタル・ゲインあるいはキャピタル・ロスと呼ばれます。

なぜ、この二つを分けて考えてはいけないのか、次の例題で実際に見ていきましょう。

Q　一年前に三〇〇円で買った株式に、配当が五円支払われ、株価が三一〇円に値上がりした場合、投資利回りはいくらになるか？（計算の便宜上、税金は考えない）

A　五％

配当が五円、値上がり益が一〇円となり、収益は計一五円。これを買い値の三〇〇円で割ります。計算式は以下のとおりです。

$$\frac{5円+(310円-300円)}{300円}=\frac{15円}{300円}=0.05=5\%$$

これが、基本的な考え方です。それではもう一題、同様に考えてみましょう。

Q 一年前に一万円で買った投資信託がある。分配金が毎月一〇〇円支払われ、一年後に基準価額が九〇〇〇円になった。投資利回りはいくらになるか？（注：分配金への税率は二〇％で、再投資はしていない）

A マイナス〇・四％

計算の考え方は前問と同じです。分配金が税引き後で毎月八〇円、一二カ月で九六〇円になり、投資信託の価格がマイナス一〇〇〇円になったので、収益は合わせてマイナス四〇円になります。

$$\frac{100\text{円}\times(1-0.2)\times 12\text{カ月}+(9000\text{円}-1\text{万円})}{1\text{万円}}$$

$$=\frac{960\text{円}-1000\text{円}}{1\text{万円}}=-0.004=-0.4\%$$

どちらの場合でも、インカム・ゲインとキャピタル・ゲインの両方を合わせて、丁寧に損得を考えると、簡単に分かる問題です。

しかし、あとの例で言うと、「分配金が毎月一〇〇円」の部分にだけ気を取られて、「毎月一%なら、年率一二%の利回りになる」と判断して、こうした投資信託に投資してしまう人が少なからずいます。また、売り手の側でも、この勘違いを熟知していて、インカム・ゲイン（この場合は分配金）だけを強調したセールスで、実は投資家にとって得にならない商品を売りつけようとすることがあるので気をつける必要があります。

インカム・ゲインとキャピタル・ゲインは、**両方を「合わせて」、総合的に評価するのが投資の基本であり、両者を別々に計算して、損だ、得だと判断することは、明らかに不適当**です。現在、高齢者を中心によく売れている毎月分配型の投資信託（公的年金が支給されない「奇数月」に分配するものを含む）に投資してしまうのは、この原則を理解していない人が大半なのでしょう。

一般に、キャピタル・ゲインよりもインカム・ゲインの方を重視する傾向がありますが、それこそ、行動ファイナンスで言うところの「メンタル・アカウンティング」に他なりません（2限目参照）。両者を区別して、どちらかだけを重視して考えることは、運用判断を誤る原因になります。

先の例のような毎月分配型の投資信託は、インカム・ゲインだけに注目すると、定期的に安定した現金収入があるように思えて、魅力的に映るかもしれませんが（売り手側の強調する部分です）、元本部分で大き過ぎるリスクがあったり、手数料が高かったりと、トータルで考えた場合に、とても投資家にとって魅力がある商品だとは思えません。はっきりいって、このタイプの投資信託を買うくらいなら、普通預金にお金を入れて、これを定期的に引き出す方が、損が少なく、はるかに健全です。

また、インカム・ゲインとキャピタル・ゲイン（ロス）を合わせて考えた場合でも、税金や口座管理料のような支出は、つい計算に入れ忘れがちになるので、この点も注意したいところです。

債券との付き合い方を知る

個人向け国債を知っていれば十分である理由

債券も、株式と同じ有価証券の一種です。国や地方公共団体、企業などが資金調達のために発行するもので、国が発行する「国債」の他に、地方公共団体が発行する「地方債」、企業による「社債」などがあります。

また、定期的に利子（クーポンまたは利札）が支払われる債券を「利付債」と呼びます。ほかにも、利子がない代わりに額面（一〇〇円）より安い価格で発行される「割引債」など、債券の種類は実にたくさんあります。

株式と違う点は、発行時にあらかじめ利率や償還日が決められていること、定期的に利子を受け取ることができ（利付債）、償還日には債券に記載された額面の金額が受け取れることが保証されていることなどが挙げられます。また、株式が株式市場で取引されるように、債券も償還日を待たずに債券市場で取引され、転売することができるものが多くあり、売買の対象ともなります。

それでは、私たち個人の投資家は、これら債券とどう付き合えばよいでしょうか。

実際のところ、債券は非常に種類が多く、複雑な仕組みのものや、とてもお勧めできないような商品も多いので、それらの全てをここで紹介するつもりはありません。また、はっきりいって、本書の読者の多くを占めると思われる、運用が仕事でも趣味でもない「普通の個人」には、取り扱いが難しい面があります。

普通の個人は、3限目で紹介した**個人向け国債について知っていれば、商品知識という意味で債券の知識は十分です**。社債や外国債券（発行体・発行市場・通貨のうちのどれかが外国である債券。外債）、まして、「仕組み債」と呼ばれるデリバティブ商品を組み込んだ債券などは、自分には不適当な商品なのだと認識していれば、それで「債券との付き合い方」に関する知識としては必要十分です。

金利が上がると債券価格は下がる

債券について、その他に金融や経済の常識として知っておくべき知識を二つお話しします。

一つ目は、**「債券は金利が上がる（下がる）と、価格が下がる（上がる）」**ということです。この関係は、基礎的な金融知識を理解しているかどうかを問うためにしばしば出題されるテーマでもあるので、是非理解して覚えておいて欲しいと思います。

たとえば、年率三%のクーポン（利付債の利子部分）があり、元本一〇〇円に対して同額の一〇〇円で償還される債券があるとします。

このとき、世の中の金利が三%より低くなれば、この債券は一〇〇円以上の価格でも買いたいという人がふえるでしょう。その場合、債券価格は一〇〇円よりも高くなります。反対に、世の中の金利が三%より高くなれば、この債券を一〇〇円で買うことに魅力はありませんから、一〇〇円より安い価格でないと買い手がつきません。結果、この債券は買い手が買ってもいいと思う値まで価格が下がります。このように、金利が下がると債券価格は上がり、金利が上がると債券価格は下落します。満期になる前に債券を売却する際、金利が上昇していると損をする場合があります。また、こうした金利の変動による債券の値動きは、償還までの期間が長いほど大きくなることも覚えておいてください。

一〇年物の国債の利回りは、特に「長期金利」と呼ばれ、その値動きは、新聞などにも毎日掲載されています。長期金利は、設備投資など資金コストの元となる金利になり、大まかには、今後の名目成長率（実質成長率+物価上昇率）の予想に応じて決まるため、株価と共に「経済の体温計」のような指標として、動きをチェックする習慣をつけておくとよいと思います。テレビの毎日のニュースでは、株価と為替レートが報じられていますが、私はこれに「一〇年物国債利回り」を付け加えるべきだと考えています。

さらに言うと、**長期金利は「信用リスクなしに稼ぐことのできる利回り水準」の指標なので、長期金利が今どれくらいなのかを知っておくと、リスクのある商品に対して敏感になることができます。** 長期金利よりも一％以上利回りが高く見える商品には、その分、何らかの無視できないリスクがあると考えて間違いありません。

また、「金利が上昇した場合には、満期まで持てば損にはならない」という人もいますが、世の中が高金利の時に（インフレ率も高いことが多い）、低利回りの債券に資金を固定しているのだから、「損をしている」という認識を持つべきです。

この点で、金利が上昇しても、ペナルティ（直近の利払い二回分）を支払うと元本の価格で解約できる、一〇年満期で変動金利型の個人向け国債は、「将来一定の価格で売る権利（プット・オプション）」があるということで、強力な保険がついているといえます。

二〇二一年現在、日銀の金融緩和政策によって、短期金利だけでなく長期金利も〇％近辺で推移しています。低金利である一方で、将来の金利上昇で損をする可能性がある債券投資は、目下個人にとって魅力的ではありません。筆者の意見としては、個人が債券投資を考え始めるのは長期金利が二％を超えてからでいいと思っています（もう二〇年以上、二％は超えていません）。

外国為替の基礎知識を知る

外国為替の仕組み

経済と生活のグローバル化が進んだ今日、外国の通貨に関する知識は必須のものです。

しかし、率直にいって、時にはＦＰのような（自称）専門家も含めて、外国為替および外国の金利について、正確な知識を持たずに、外貨を扱っているのが実情です。

また、こうした**外貨に対する無理解や誤解は「外貨を商う側」から見ると、顧客をカモるチャンスにもなっています。**

まず、外国為替の仕組みについて説明します。

為替とは、現金を直接相手に送金することなく、遠隔地との決済を可能にする手段として広く利用されています。郵便為替のように「ある条件の下に（誰かに）お金を支払ってください」という契約をやり取りする仕組みです。

外国為替は、異なる二つの通貨による決済に利用されます。ドルを円に交換したり、円をユーロやポンド等に交換することもあれば、ドルをユーロに交換するといった、円を介さない取引もあります。実際にやり取りする資金は銀行の預金であり、やり取りされる場は、主に、ニューヨークのマネーセンター・バンクと呼ばれる大手銀行です。

たとえば、東京市場の取引時間内にA銀行とB銀行とのドル・円の為替取引が成立したとします。マネーセンター・バンクであるニューヨークのN銀行にあるA銀行の口座から、同じN銀行にあるB銀行の口座にドル（円）が振り込まれ、N銀行にあるB銀行の口座からA銀行の口座に円（ドル）が振り込まれる、といった形で資金が動いて決済されます。これが、外国為替取引の基本となる仕組みです。

ところで、**為替は「支払い」の契約なので、「いつ」それが行われるかが重要**になります。為替レートには暗黙のうちに「いつ」の受け渡し時点の為替レートであるか、という情報がセットとなって取引されています。たとえば「今日」の時点だけでも、今日資金が動く今日の為替レート、スポット（二営業日後に資金が動く）と呼ばれる為替レート、三カ月後に資金が動く為替レート、一年後、二年後、……と複数の異なる為替レートが同時に存在しています。

つまり、**ある時点の為替レートは、「点」ではなく、受け渡し時点の異なる「線」として存在し、線全体が上下して時に傾きも変えながら変動している**、というイメージを持つ

外国為替相場のイメージ

［外貨の方が高金利な場合］

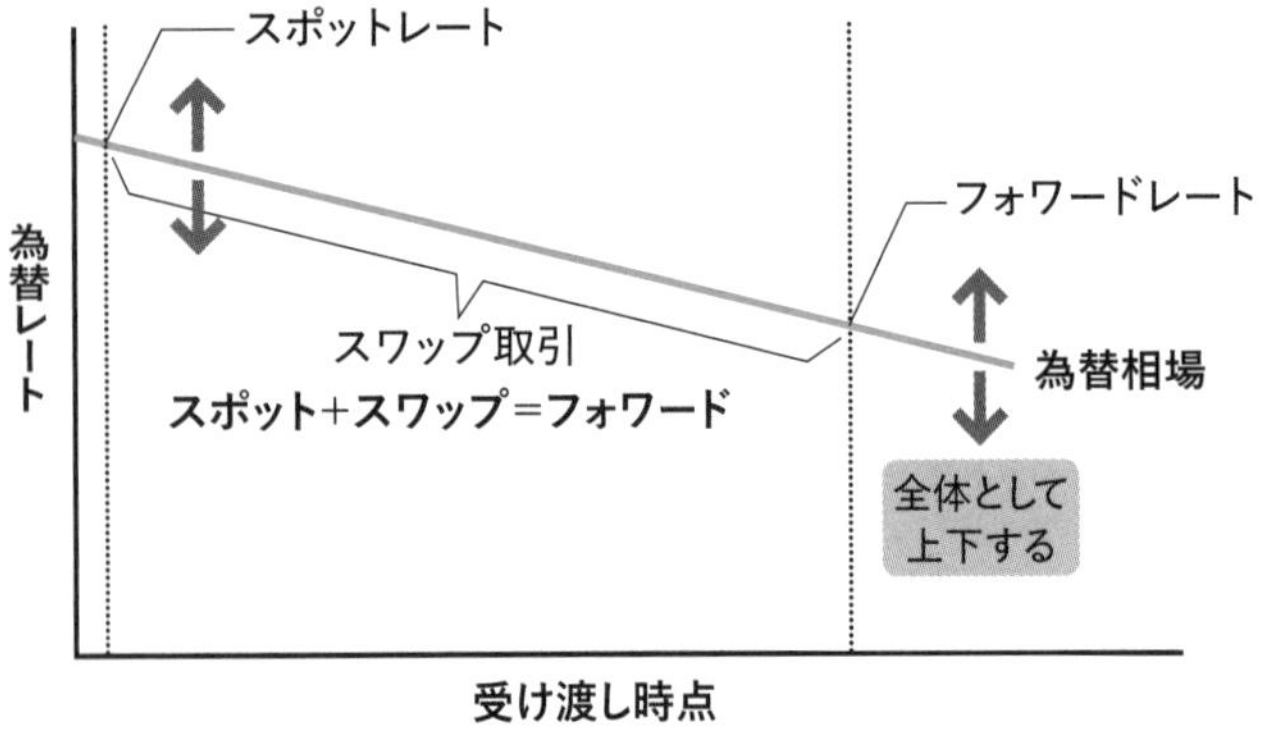

必要があります（上図参照）。

資金に時間が関わるということは、すなわち金利が関係するということになります。異なる時点で受け渡しされる複数の為替レート間の関係を決めるのは、二国の通貨の金利です。具体的には、銀行間で借り入れ・運用を行う金利によります。

外国為替では、**「『金利』と『通貨の交換比率』がセットで取引されている」という認識を持てるかどうかが重要**になってきます。

時点の異なる為替相場は、リスクなしで儲けが出る「裁定取引」のチャンスを消すように形成されます。この関係は「金利裁定」と呼ばれます。金利裁定については、たとえば、スポット（r^s）の一年先の受

金利裁定の計算式

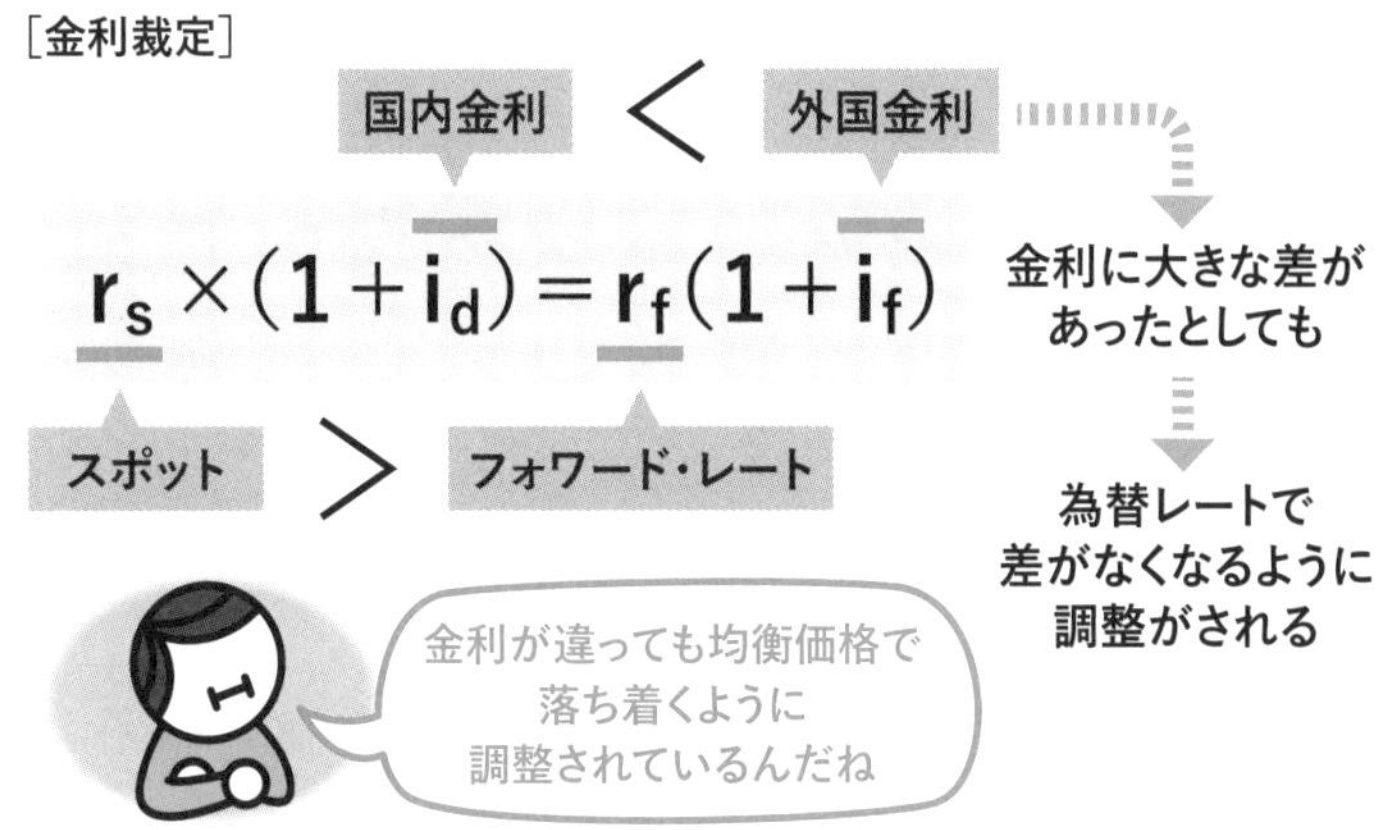
［金利裁定］
国内金利
＜
外国金利
$r_s \times (1 + i_d) = r_f (1 + i_f)$
スポット
＞
フォワード・レート
金利に大きな差があったとしても
為替レートで差がなくなるように調整がされる
金利が違っても均衡価格で落ち着くように調整されているんだね

け渡しの為替レート（「フォワード・レート」と呼ばれる：r_f）は、国内金利（i_d）と外国金利（i_f）との関係が上図の式を満たすように決まります。

「金利裁定」では、外国金利（i_f）と国内金利（i_d）との間に金利差があったとしても、為替レートで調整がなされます。

つまり、金利が一〇％ある通貨も、金利が五％ある通貨も、資金運用を円ベースの損得で考えた場合、〇％ちょっとの円金利と「原則的には同じリターンだ」と考えるのが、標準的な出発点です。高金利通貨でも、期待リターンは低金利通貨と変わらない均衡価格で落ち着きます。「ハイリスク・ハイリターン」の原則は、ここには当てはまりません。

外国為替取引の参加者は、複数の通貨について、為替と金利をセットにして、どの通貨での借り入れと運用が有利であるかについて（たぶん真剣に！）予想して、取引を行っています。どの通貨と金利の組み合わせが儲かるのかは、原理的には、一概に何ともいえません。取引しようとする時点では、**「高金利の通貨と金利」の組み合わせが儲かるとも、「低金利の通貨と金利」の組み合わせが儲かるとも、決めることができない**からです。

この辺りの感じは、外国為替や債券の取引に関わったことがないと、実感として理解しにくいかもしれませんし、実際、一般投資家が錯覚しやすいポイントです。高金利通貨を買う外貨預金や外国債券、あるいは投資信託などが、この点を誤解した投資家を、いわば「釣る」ために使われているのが現実です。**外貨預金も外国債券も、リスクの割にリターンが低い**ことを知るべきです。

特に外貨預金については、「預金」とつくことで安心な商品だと思うのか、根強い人気があります。実際、銀行の預金しか運用経験のない顧客に、リスクのある商品を買わせようとする場合、投資信託よりも外貨預金の方が比較的楽に誘導できる、という話を、金融機関の商品企画担当者から聞いたことがあります。

しかし、**外貨預金で運用をしようという考え方は、今すぐ止めましょう。外貨預金は、はっきりと「ダメな商品」です。**

外国為替市場は「世界最大のカジノ」

同じ大きさで逆方向のリスクを持った参加者同士が戦う
ゼロサム・ゲームであり、その本質は「投機」

一方が儲ければ、もう一方は損をする。
娯楽として楽しむくらいがちょうどいい

ダメだと言い切れる理由としては、外貨預金を組む際の為替手数料が高く、金利が銀行間の金利よりも不利な場合が多いからです。つまり、外貨預金と同じ通貨で売り買いするＦＸ（外国為替証拠金取引）で相場を張るなり、外貨資産に投資する投資信託を買う方が、外貨預金よりも実質的な手数料が安くなります。もちろん、外貨預金も資金が為替リスクにさらされる点は、外国株式や外国債券と変わりません。「預金」と名がつくからといって、円ベースの元本保証はありません。

プロは金利と為替レートをセットで判断しており、その結果が現在の為替レートに反映されているのです。豪ドルやブラジル・レアル等の、見かけ上は高金利の通貨が人気ですが、こうした通貨での預金に期待できる運用利回りが、円をはじめとする他の通貨よりも高いといえるわけではありません。

外貨預金については、どの通貨であっても、**「最悪の商品ではないかもしれないが、ダメなことが最もはっきりしている商品だ」**と認識して距離を置くのが正解です。

外貨の高金利にダマされるな

さて、ハイリスク・ハイリターンが期待できるのが「投資」、ハイリスク・ハイリターンが期待できないのが「投機」という点で、誤解されているように思うのは、為替レートのリスクです。

金融マンやFPでも、外貨預金や外国債券に関しては、誤解している人が少なくありません。具体的には、「外貨預金や外国債券で運用する際には、為替変動のリスクがある。リスクがあれば、これを補うリターンがあるはずだ」と、株式のような資産のリスクとリターンの常識で、これらについて判断しているのです。

為替市場では、買い手の反対側に真逆のリスクを持った売り手がいます。大まかにいって、双方がリスクを負いながらも、全体としてはゼロサム・ゲームの構造になっています。賭けが当たった人の儲けを、賭けが外れた人が支払う仕組みです。

取引の相手側は、一定期間、高金利の通貨を渡し、受け取った低金利の通貨で運用する取引に応じているわけで、金利の低さは将来の為替レートでカバーされると判断して取引に応じています。そして、この際、為替リスクがあるのは、相手方も同じです。

外国為替取引の基本は、**同じ大きさで逆方向のリスクを持った参加者同士が戦うゼロサム・ゲームであり、その本質は「投機」です**。リスクを取ることが、追加的なリターンで補われるような「投資」の世界とは根本的に異なります。

為替リスクで重要な事実は、**「為替ではハイリスク・ハイリターンの原則が期待できない」**ことです。ですから、マネー評論家やFPがしばしば相当のウェイトで推奨する外貨預金や外貨建てMMFといった商品で、過大な為替リスクを取らないことが肝要です。外国為替市場は**「世界最大のカジノ」**だと理解し、投機だと割り切って、娯楽の一つとして参加するくらいがよいでしょう。

FXは投資か？ 投機か？ はたまたギャンブルなのか？

為替取引で近年ポピュラーなのは、「外国為替証拠金取引」、通称FX（＝外国為替）でしょう。

FXは、FXの運営会社が相手となる外国為替取引です。FXの参加者は、証拠金と呼ばれるお金を運営会社に預けることで、証拠金の最大二五倍の金額まで取引することができきます（「レバレッジ〈〝てこ〟のこと〉」と呼ばれます）。近年は、インターネットを使って手軽に取引ができるようになり、PCやスマートフォンがあれば、自己資金の最大二五倍までの金額の外貨を、実質的に売ったり、買ったりすることができます。

その手軽さゆえか、FXを株式投資と同じ「投資」だと思っている人が少なからずいます。そうした誤ったイメージを振りまいてセールスをするFX業者が、さらに拍車を掛けています。

しかし、FXは金融市場を利用していますが、**儲ける人の裏には必ず損する人がいるゼロサム・ゲームの「投機」であり、お金を着実にふやすための「運用」には向きません。**株式や債券への投資よりも、競馬やカジノのようなギャンブルに近いと考えるべきです。

特に注意してほしいのは、「スワップ・ポイント」と呼ばれる、高金利通貨を買って保有し続けることで得られる金利の清算金です。理論値よりも大きく不利な場合があるので、注意が必要です。さらに、証拠金の額を分母にして、レバレッジが掛かった状態で得られるスワップ・ポイントを利回りに換算して、有利な運用であるかのように説明するFX業者がいます。こうした運用は、円で借金して外貨預金を持っているのと意味的に同じであり、決して「安定した有利な運用」などではありません。

さらにFXの場合、パチンコなどと比べて賭け金が大きくなることにも注意が必要です。主婦がＦＸで何億円も稼いだという話がＦＸ業者の宣伝に使われることもありますが、宝くじや競馬の万馬券と同じで、確率的に起こり得るだけのことであり、**大多数の人は、そんな幸運にありつけないばかりか、損をする人の方が圧倒的に多いのが、ＦＸの世界**です。そして、当然ながら、その幸運な人が儲けた分だけ、損した人が必ず存在するシステムです。

ＦＸはあくまでゲームであり、勝つこともあれば負けることもあるのだと割り切って楽しんでください、としかいいようがありません。一般的には、ＦＸの参加者のうち、八割以上がトータルでは損をしているといわれています。過去の分まで含めると、ＦＸで損をした人が主にＦＸを止めるでしょうから、損をした参加者の割合はもっと大きなものになるはずです。

ただし、海外旅行によく行く人や、家族が海外にいて送金の機会が多い人にとって、ＦＸには別の使い方が考えられます。ＦＸを利用すると、外貨への換金が非常に割安にできる場合があります。ＦＸ業者によって差はありますが、銀行や空港の両替所に比べて、手数料に換算して数分の一以下になることがあります。外国への送金機会が多い人は調べてみるとよいでしょう。

7
限目

株式投資で
お金をふやす

株式投資の基本を知る

株価はどうやって決まるのか

株式投資の基本は、企業が株式を発行して集めた資金で経済活動を行い、投資家は、株式を通じて資本を提供し、企業が稼いだ利益の配分を受けることにあります。

株式投資では、企業が利益を分配する配当金（インカム・ゲイン）と、株式そのものの価値が値上がりすることで得られる値上がり益（キャピタル・ゲイン）の両方を合わせたものが収益となります。

配当金は、株主に対して一株あたり何円と決められた額が支払われますが、企業の利益を源泉とするため、利益が少なかったり赤字の場合は、「無配」として配当金が支払われないこともあります。また、特に成長期にある会社では、稼いだ利益を配当せずに、ビジネスに投資する場合もあり、配当をいくら払うかは、経営者と株主が決定します。

値上がり益は、株式を株式市場で売却した場合の差益です。もちろん、買った価格より

インカム・ゲインとキャピタル・ゲイン

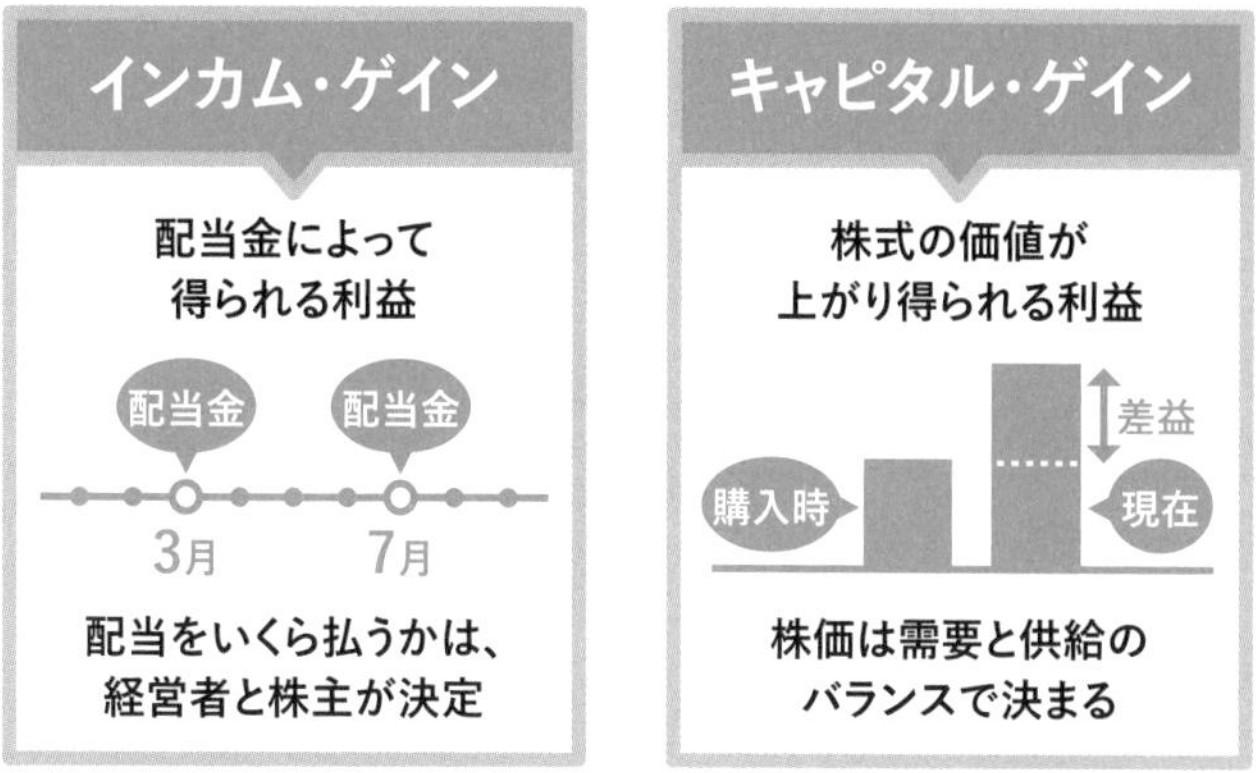
インカム・ゲイン
配当金によって
得られる利益
配当金
配当金
3月
7月
配当をいくら払うかは、
経営者と株主が決定
キャピタル・ゲイン
株式の価値が
上がり得られる利益
差益
購入時
現在
株価は需要と供給の
バランスで決まる

低い価格で売却した場合は、値下がり損となります。

それでは、市場での株式の価格はどのようにして決まるのでしょうか。

大まかにいえば、**株価は需要と供給のバランスで決まります**。売りたい人が多ければ株価は下がるし、買いたい人の方が多くなると、株価は上昇します。極論をいえば、株式を発行した会社が倒産寸前であったり、そもそも経営している実態がなかったとしても、その株式を買いたい投資家が大勢いれば株価は上がりますし、どんなに優良な経営で利益をあげていても、買い手がつかなければ株価は下がります。

投資家によっては、「この会社の製品が好きだから」とか、「最近この業界は人気だから」といった、好みや雰囲気で売り買いを決める人もいますが、本来的には、**その株価が本来の価値よりも高ければ売り、安ければ買いと判断するのが基本**です。市場参加者の株価に対する割安・割高に対する判断から需要と供給が発生します。株式投資においては、株式の「価値」を判断することが、重要になってくるわけです。

PERで株価を判断する

ここで、5限目で紹介した「割引現在価値」をもう一度思い出してみてください。将来のある時点で受け取る価値を、現在受け取るとした場合にいくらになるかを換算する考え方です。

株価は、理屈上、将来の利益の割引現在価値だと考えることができます。厳密には「将来のネット・キャッシュ・フローの割引現在価値」ですが、「将来利益の割引現在価値」と考えておいておおむね問題ありません。将来この企業が稼ぐだろうと期待する利益を、現時点での価値に割り引いて計算した合計が、株価の「あるべき価格」になります。この理論上の株価と実際の株価を比べて、買いか売りかの判断をすればいいわけですが、当然ながら、将来の利益は誰にも分かりません。割引率（金利と投資家が株式のリスクに対して求める追加的な上乗せ利回りである「リスク・プレミアム」が反映します）の設定も、投資家によって考え方は様々です。

将来にわたって利益を予想するのは難しい。そこで当面の利益を基に、株価の高・安を判断する物差しが用いられるようになりました。これを「**PER（ピー・イー・アール。株価収益率）**」といいます。PERは、株価を一株当たり純利益で割った倍率で表され、株式がその企業の稼ぐ利益の何倍の値で買われているかを見ます。ここで使う「純利益」とは税引き後の利益のことですが、終わってしまった前期の実績ではなく、現在進行中の今期の予想利益を使って計算するのが一般的です。

簡単な例題で考えてみましょう。

Q **発行済株式数が一〇〇〇万株、純利益が七億五〇〇〇万円の企業Aと、発行済株式数が四〇〇万株、純利益が三億円の企業Bがあり、ある日の株価はAが一〇〇〇円、Bが一二〇〇円だった。PERが低いのはどちらか。**

A **企業A。企業AがPER一三・三三倍（小数点第三位四捨五入）に対し、企業BはPER一六倍（一株あたり純利益はA、Bともに七五円）。**

特に複雑な計算は必要ありません。それぞれ、「PER＝株価÷一株当たり純利益」に

PERの計算方法

PER = 株価 ÷ 一株当たり純利益

企業A

発行株数：1000万株
株　価：1000円
純利益：7億5000万円

1000円 ÷（7億5000万円 ÷ 1000万株）= 13.3333...

PER = 約13倍

企業B

発行株数：400万株
株　価：1200円
純利益：3億円

1200円 ÷（3億円 ÷ 400万株）= 16

PER = 16倍

当てはめて計算します。

それでは、この計算結果をどう評価すればよいでしょうか。

PERは低いほうがいいというのが一般的な原則です。利益が同じなら、投資する際の株価は低いほうがいいという考え方です。この場合、他の条件を一切考慮しないとすると、企業Aのほうが投資対象として好ましいということになります。

ただし、PERが高い企業であっても、将来期待される利益成長が大きいと判断するなら、PERは高くても投資対象として好ましいとすることもあり、全てのケースに一律に先の原則が適用できるわけではありません。実際の株式市場では、おおむねこの考えに沿った株価形成となっています。

ＰＥＲは、株式投資において最もよく利用されており、株式投資を始める人にとって、最初に知っておくべき指標であると同時に、後々まで使える知恵となります。ＰＥＲ以外の株価判断指標が数多く考案されてきましたが、ＰＥＲを決定的に超えるものはなく、ＰＥＲが使われ続けています。「たかがＰＥＲ、されどＰＥＲ」です。

まずは、様々な企業、特に同じ業界内の企業同士で、ＰＥＲを計算して比較してみるとよいでしょう。なぜそのような差がつくのかを考えることは、「投資脳」を鍛えるのに役立つはずです。

株価を利回りで考える

お金に関する損得判断の基本は利回りです。株式についても利回りで考えてみましょう。株価を利回りで考えてみましょう、といわれても、あまりピンとこないかもしれません。しかし、そもそも株価が、他の投資対象である債券などに比べて割安なのかどうか、を見る場合には、なかなか役に立つ考え方です。

株価に関する利回りで、まず分かりやすいのは「配当利回り」です。配当を株価で割って、購入した株価に対して一年間でどれだけの配当を受けることができるかを見るときに使います。ただし、利益の中からどれくらいの配当を出すかは、企業の（最終的には株主

「益利回り」の計算方法

益利回り ＝ 一株当たり純利益 ÷ 株価

企業A

発行株数：1000万株
株　価：1000円
純利益：7億5000万円

（7億5000万円 ÷ 1000万株）÷ 1000円 ＝ 0.075

益利回り ＝ 7.5％

企業B

発行株数：400万株
株　価：1200円
純利益：3億円

1200円 ÷（3億円 ÷ 400万株）＝ 0.0625

益利回り ＝ 6.25％

の）方針によって決まるため、企業によってかなりの差があります。企業が稼いだ利益を全て配当するとは限らないのです。

そこで、配当の代わりに利益を使って計算したものが「益利回り」です。株価に対する一年あたりの利益の利回りを見るもので、一株当たり利益を株価で割って求めます。つまり、PERとは逆数の関係になります。PERが二〇倍だと益利回りは二〇分の一で五％になります。

配当や利益を「利回り」としてとらえて金利と較べると、株価が安いのかどうかを実感として理解しやすくなります。これは、市場で形成される株価全体について判断するときにも、個別銘柄を探すときにも参考になります。

株式投資では、どうしても目先の景気や業績が気になります。実際、これらが影響を与えることは確かですが、長い目で見た場合、「株価そのものが高いのか、安いのか」を考えることが大切です。

利益予想の変化を見る

株式投資の基本となる作業は、利益予想の変化と株価の動きとを、比較しながら見続けることです。通常、株主の関心が最も高いのは企業が稼ぐであろう利益であり、**株価は、利益の「実績」ではなく、あくまでも将来の「予想」に対して成立する**ものです。個々の銘柄の利益予想がどのように変化するかは、厳密には株式のリターンにおける、もっと直感的にいうと株価における、最大の変動要因となります。

この「利益予想の変化」に用いるデータとして「最新の利益予想」と比較すべきは、過去の実績となってしまった「前期の決算」ではなく、直近の過去における予想、つまり「直前の時点での今期の利益予想」です。たとえば、今期決算（典型的には次の三月期）の「これまでの予想利益」と「新しく発表された予想利益」の差が、株価に直接的な影響を与える最重要情報です。この予想利益の差に対して株価がどう反応するかをできるだけ数多く見ておくことは、株式投資における有効なトレーニングになります。事前に予期されていなかった利益予想の上方修正はほぼ必ず株価の上昇につながり、同様に、下方修正は株価下落につながります。

実際に、トレーニングの具体的な方法を一つご紹介しましょう。

まずは、日経新聞朝刊に載っている決算短信欄を見て、前日の決算発表ないしは利益予想の修正をチェックします。この数字を、『東洋経済会社四季報』（東洋経済新報社）に載っている、その企業の同じ期の利益予想と比較して、予想の変化でインパクトのありそうなものを探します。見つけたら、その銘柄のその後の値動きをチェックするようにしましょう。

利益予想に大きな変化が見られた銘柄は、数カ月程度、その後の展開を追ってみる価値があります。多くのケースで、利益予想の上方修正があった銘柄は、その情報発表の前後に株価が上昇するはずです。

ただし、上方修正が分かった後にその銘柄を買って儲けられるかどうかは、ケース・バイ・ケースです。「情報」を見てからアクションを起こしても儲けられる銘柄があるのなら、このチェックには大いに意味があります。それは、情報に対して株価の反応が遅れる銘柄です。

たとえば、次の二つのような理由で、株価の反応が遅れる場合があります。

トレーニングの具体的な方法

1. 日経新聞朝刊に載っている決算短信欄を見て、前日の決算発表ないしは利益予想の修正をチェック

2. ①の数字を、『東洋経済会社四季報』（東洋経済新報社）に載っている、その企業の同じ期の利益予想と比較して、予想の変化でインパクトのありそうなものを探す

3. ②の銘柄のその後の値動きをチェック

まず、時価総額が小さく、アナリストのカバー対象になっていないような「注目度の低い会社」は、カバーするアナリストが多い有名な会社よりも、情報に対して株価の反応が遅れる場合が多い傾向があります（あくまでも「傾向」であり、常にそうだとは限りません）。

もう一つは、利益予想の上方修正が一回目である場合です。この場合も、上方修正が過小評価され、株価の反応が不十分である可能性があります。また、学術的な研究では、利益予想の変化には、上方修正の後にはまた上方修正が続きやすい「利益予想のトレンド効果」があることが知られています。ただし、一般に上方修正が何度か続いた銘柄は注目を集めます。最初の上方修正では株価の反応が

遅れる一方で、三回、四回と連続して続いた上方修正に対しては、また同じ方向の修正が続くのではないかと修正前から期待され、株価が過剰反応して上昇が行き過ぎている可能性が大きいので、注意が必要です。

利益予想の変化と株価の動きを見てどのように感じ取るかは、その時の相場の展開やその人の資質によって違ってくることでしょう。何はともあれ、**「情報」と「反応」の具体例を数多く見ることが、株式投資においては有効な経験**となります。

このトレーニングにあたっては、『東洋経済会社四季報』のような予想利益の数字が載っている資料を、ある程度（最低二年分は）手元に置いておくとよいでしょう。過去のデータも見られるCD－ROM版や、オンライン版が便利です。

株式投資には、利益予想の変化に伴ってどこかにチャンスが生じないかという、投資家同士の駆け引きの側面があります。

まずは「PER」と「予想利益の変化」を手掛かりとして、自分が考えるための素材になる経験とデータをふやしてほしいと思います。

個人の株式「ポートフォリオ」の作り方

資産運用は「ポートフォリオ」で考える

一般にお金の運用は、単独の資産で行うのではなく、複数の資産に分散投資して行います。金融の世界では、複数の資産に投資した状態を「ポートフォリオ」という言葉で表します。もともとは、複数の証券をまとめて持ち歩いていたファイルからきている言葉だそうです。英語、フランス語で「書類入れ」といった意味があり、別の業界では、デザイナーが自分の作品をまとめたファイルのことを、やはり「ポートフォリオ」と呼ぶことがあります。

プロのファンドマネジャーだけでなく、**個人投資家にとっても、ポートフォリオを組んで分散投資をすることが大切**です。

ポートフォリオが大切になる理由として、当たり前のことですが、「先のことは不確実である」という現実があります。将来が確実に分かるなら、ポートフォリオを組む必要はありません。確実に最も大きく値上がりする銘柄に全運用資産をつぎこむだけです。

ポートフォリオを組むことは、**リスクと期待リターンのベストな組み合わせを維持し、不確実な将来のリスクを小さくするために投資家自身が事前にできる改善の努力**です。

事後の結果だけ見て、「このときは○○を買うべきだった」と論じるのは簡単ですが、運用そのものを論じる場合には、「事前にあってベストかどうか」という観点から論じなければ意味がありません。しかし、「私はこのやり方でこれだけ儲けた」と言って、「結果的に」上手くいっただけの運用方法を、必勝法のように吹聴する人をしばしば見かけます。この種の「悪しき結果主義者」の言葉に耳を貸す必要はありません。

良いポートフォリオとは、「**事前においてベストだと想定される組み合わせ**」のことであり、運用とは、連続的にそうしたポートフォリオを維持し続ける作業だと考えることができます。

有効な分散投資でリスクを抑える

これから株式投資を始めたいという人にアドバイスをするとき、私が必ず付け加えるのは「**①少なくとも三銘柄以上の株式に分散投資しましょう、②互いに業種の異なる銘柄を選ぶようにしましょう**」の二点です。

リスクが同じなら期待リターンは高い方がいいし、期待リターンが同じならリスクはより小さい方がいい。期待リターンを下げずにリスクを低下させる上で、あるいはリスク当たりの追加的な期待リターンの効率を最大化するために、有効かつ現実に実践可能な方法が分散投資です。

一般論として、分散投資することで、リターンが同じでもリスクを抑えることができます。この結論は、数学的にも経験則的にも明らかです。

たとえば、どれも同じリターンが期待され、互いに業種が異なる銘柄A、B、Cがあったとします。ここで、運用資金を全額Aに投資するポートフォリオと、三銘柄それぞれに分散して投資したポートフォリオとを比べてみましょう。

まず、前提条件から期待リターンはどちらの場合でも同じです。しかし、リターンが同じであっても、想定されるリスクは両者で異なります。

株式投資では、個別銘柄の値動きの要因は、およそ半分が株式市場全体と一緒に株価が上下することによります。そして、残り半分の要因は、業績見通しの変化のような企業個々の要因によるもので、銘柄ごとに差がつく部分です。ですから、後者の要因による個別株式Aの値動きから受ける影響を比べてみましょう。

全額Aに投資した場合、株式Aのリスクがそのまま想定されるリスクになります。その場合、銘柄によって数字は異なりますが、一銘柄だけの標準偏差で見たリスクは、二〇%台後半から、大きなものでは四〇%台以上になります。これがそのまま、このポートフォリオのリスクになります。

一方、三銘柄に分散投資したポートフォリオでは、想定されるリスクは、A、B、C各銘柄が持つリスクの加重平均よりも小さくなります。それは、各銘柄の値動きの方向が同時に同方向ではないからです。②のアドバイスは、このためです。

加えて、Aがマイナスに動く時に、プラスに動きやすいBという、都合のいい関係を持った銘柄の組み合わせを見つけることができれば、分散投資の効果をより高めることができます。もっとも、現実の投資ではそうそう上手くいくことはありませんが、それでも、ある程度関係のない銘柄同士を選ぶことで、運用全体のリスクをより効率的に下げることが可能になります。

一つ目に輸出関連銘柄を選んだら次は内需の影響を受ける銘柄、さらにどちらでもない銘柄を選ぶといった調子でポートフォリオを作っていきましょう。分散投資の効果は、投資家自身の努力によって事態の改善が可能なものなので、これを使わずに株式投資するの

これから株式投資をはじめる人へのアドバイス

① 少なくとも三銘柄以上の株式に分散投資する

×

② 互いに業種の異なる銘柄を選ぶようにする

▼

リターンが同じでも、
運用全体のリスクをより効率的に
下げることが可能になる

は、実にもったいないことです。

一方、ライバル関係にあるからといって、同じ業界のトヨタとホンダ、日産を選ぶようでは、有効な分散投資とはいえません。**同一業種の似た銘柄の株価は、同時に同方向に動く傾向があります。個人の場合、はじめのうちは、一業種につき一銘柄まで、と決めておくくらいでよいでしょう。**

個人投資家でよくあるのが、当初は分散投資を心掛けていても、儲かっている銘柄に資金を集中させたくなったり、あるいは、後述しますが「ドルコスト平均法」や「ナンピン買い」といった手法の有効性を信じて、特定の銘柄ばかり買い増した結果、偏った投資ウェイト配分になったりしているケースです。

こうした人には、将来は「分からない」も

のであり「絶対」はないのだという現実を、今一度、自分に言い聞かせる冷静さが必要です。また、ここでは「まず三銘柄以上から」としましたが、分散投資は、おおむね銘柄がふえるにつれて効果が大きくなります。プロのように、巨額の運用をしているわけではない個人投資家では、広範な分散投資をすることは難しいかもしれませんが、新たに投資に回せる資金ができた場合には、すでに持っている銘柄とは異なる銘柄を買って、保有銘柄数をふやすことを心掛けるだけでも、かなりの効果があるでしょう。

分散投資の鉄則は、株式投資に限った話ではありません。リスクを分散させることは、運用全体においても重要な鉄則の一つです。

株式の銘柄選択以外で、この「リスクの分散」が気にかかるのは、勤め先の会社の株主になっている人たちです。社員持ち株会の制度が多くの会社にありますし、確定拠出年金(9限目参照)の選択肢として、自社株に投資できる仕組みを用意している会社もあります。しかし、自社株で資産運用をする場合、自社の業績が悪化したときには、ボーナス・給料が減少すると共に、自社株に投資した資産の価値も下がります。勤め先の倒産といった最悪の場合には、仕事も収入も資産も同時に失うことになります。自社株買いは、人生におけるリスクが集中するので、そのことを十分に理解して行うのであれば本人の自由ですが、一般論としての資産運用のアドバイスとしては、お勧めしません。私は、確定拠出年金の運用選択肢として、自社株に投資可能にすることには反対です。

「ドルコスト平均法」は有利でも不利でもない

分散投資については、銘柄の分散の他に、「時間」あるいは「タイミング」の分散によ
る効果を説く人がいます。たとえば「ドルコスト平均法」と呼ばれる投資方法です。

ドルコスト平均法とは、同じ投資対象を一定の金額ずつ定期的に買っていく投資方法です。たとえば、毎月一〇万円買うと決めた場合、ある株式が一株一〇〇円の時に一〇〇〇株買い、これが五〇円になったら二〇〇〇株、二〇〇円に値上がりした月は五〇〇株だけ買うといった要領で投資します。株価によって購入株数が変わり、購入金額は一定です。

金融機関にとっては、「ドルコスト平均法が有利である」とする方が積立投資の勧誘に好都合なこともあり、しばしば「有利な方法」として推奨されています。理由は、常に決まった株数を買う「等株数投資」と比べると、株価が値下がりした場合に、購入株数がふえて一株当たりの平均買い付け単価が下がり、一方で値上がりした場合には、その分、購入株数が減るために平均買い付け単価が上昇しにくいというものです。

しかし、結論からいうと、**ドルコスト平均法が等株数投資よりも有利であるとする意見は、誤り**です。

たとえば、先の例の、株価が一〇〇円の後に五〇円になったケースで考えてみましょう。五〇円の時点でドルコスト平均法では三〇〇〇株持っています。一方、等株数投資で前回と同じ一〇〇〇株購入した場合では、その時点での所持株数は二〇〇〇株となり、そもそも投資金額が違っています。さらに、この後に株価が上がればドルコスト平均法が有利になりますが、株価がさらに下がった場合、投資金額の大きいドルコスト平均法の方が、損失は大きくなります。

株価が上昇した後に下落したり、あるいは下落した後で上昇するような推移になった場合には、ドルコスト平均法は等株数投資よりも有利に働きますが、逆に株価の上昇が続くと購入金額が少なくなる分、利益が少なくなりますし、株価が下落し続けた場合には相対的に投資金額が大きくなるので損失が大きくなります。ドルコスト平均法は、それ自体として「有利」でも「不利」でもありません。

それでは、なぜ、ドルコスト平均法は「有利」だと思い込んでしまう人が多いのでしょうか。

一つには、ドルコスト平均法では、等株数投資よりも平均買い付け単価が低くなるので、買値からの「勝ち負け」で判断する投資家にとっては勝率が良くなるように見えるからです。もう一つは、株価に関係なく一定額を購入するというルール化された買い付け方

ドルコスト平均法が有利というのは誤り

① ドルコスト平均法は有利でも不利でもない

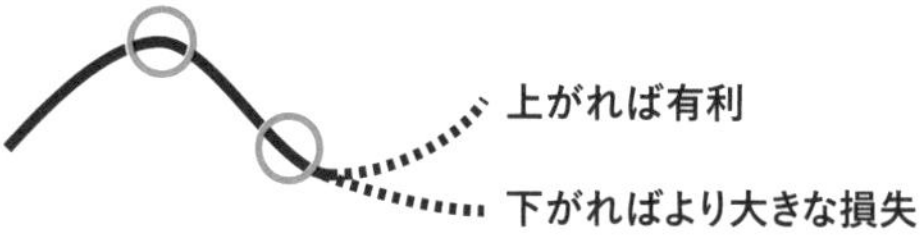
上がれば有利
下がればより大きな損失

② 何度かに分けて購入することで不要な手数料がかかる

100株+手数料×1
10株×10(100株)
+手数料×10

③ 分散投資をしたほうがリスクを下げることになる

銘柄Aを買い続けるより、
同じ金額で違う銘柄を
買うほうがいい

法なので、高値を買ってしまったり、買った後でその銘柄が値下がりしてしまっても、自分の意思決定のせいではなく、ドルコスト平均法のせいにできる精神的な気楽さがあるからです。

どちらにしても、そうした考え方を持つ人たちからすれば、ドルコスト平均法は「気休め」程度の役割を果たすのでしょう。気休めでも何もないよりはよいだろうと思うかもしれませんが、ドルコスト平均法には、注意すべき点が少なくとも三つあります。

まず、買いたいと思う銘柄があり、それに投資できる資金が一〇〇万円あった場合、一度に一〇〇万円分購入すると手数料は一回分で済みますが、ドルコスト平均法で一〇万円ずつ一〇回に分けて購入すると、手数料はその分かさみます。また、購入一〇回目によやく最適なポートフォリオの状態になるため、一回目に全額購入する場合と比べて、その間の期待収益が下がることにも注意が必要です（これを「機会費用が掛かる」といいます）。

三つ目の注意点は、すでに述べましたが、同じ銘柄を買い増しすることによって、**「分散投資の鉄則に逆行する」**という点です。リスクを下げることが目的なら毎回異なる銘柄を買う方がいい。

毎月の給料から天引きして積立投資をすることは、運用に回すことのできる資金の少ない人にとって、確かによい習慣ではあります。しかし、このこと自体はドルコスト平均法のメリットではなく、「天引き」のメリットであり、区別して考えるべきです。何にしても、運用資金があるのならば、自分の「最適額」までさっさと買うのが合理的です。

尚、月々の給料の中から一定額（例えば毎月三万円）を投資に回す積立投資は「良いこと」です。これは、ドルコスト平均法だから良いのではなく、「毎月最適な投資額が三万円増えているのだ」と解釈すべきです。

株の「売り時」を考える

自分の買値にこだわらない

買った株をいつ、どうやって売るのかは、いつ、どうやって買うのかと同じくらい重要です。特に「売り時」は、自分にとっての損益が確定する時でもあるので、早過ぎても、遅過ぎても、後悔する可能性が大きいと感じるだけに、買い時よりも難しく感じます。これは、個人投資家だけではなく、プロにとっても同じです。

しかし、難しいにもかかわらず、株の売り時について体系立てて説明している入門書はあまり見かけません。

代わりによくあるのが、「買値から三割上がったら売ると決めておきましょう」とか「買値から二割下がったら売って、損切りすると決めておきましょう」といったぐあいに、自分の買値を基準に売り目標を設定させ、「これで迷わずに済みます」としている本です。

自分がその株をいくらで買ったという事実は、将来のその株のリターンに影響を与える要因ではありません。このようなものを判断基準にするような考え方はピント外れですし、投資家を判断力のない愚か者扱いしているようにさえ感じます。

買値と売り時についての誤った考え方は、他にもあります。

たとえば株式投資で「現在の株価は買値よりも値下がりしているけれども、買値より値上がりするまで売らなければ、損でもないし、負けてもいない」といった無用な意地を張る人がいます。

自分の買値よりも低い株価では売れないと考えて売るべき時に売らなかったり、逆に、株価が買値よりも高くなったからと、まだまだ有望な株を売ったりすることがあります。

多くの投資家が、自分の買値と現在の株価との関係を、勝ち負けのように捉えて、これにこだわることで判断をゆがめてしまっています。

もう一つ、自分の買値にこだわる悪い例として、「ナンピン買い」があります。

二〇〇円で一〇〇〇株買った株が、その後一〇〇円に値下がりしたとします。この株が買値まで値を戻すには、一〇〇円の値上がりが必要になります。ここで、同じ株をもう一〇〇〇株買い足すと、計二〇〇〇株の持ち株の買値は、平均単価が一五〇円になります。そうなると、あと五〇円値上がりすれば、買値まで回復して損がなくなる計算になります。こうした考え方のもとに、**値下がりした相場商品をさらに買い増しすることを、相場用語で「ナンピン買い」といいます**。ナンピンには困難を平らにする意味で「難平」という字を当てることもあるようです。

株式投資だけでなく、為替相場、商品相場など相場もの全般で使われる言葉で、一般向けの解説書などにも、テクニックとしてのナンピン買いの重要性を説いたものが時々見受けられます。しかし、このナンピン買いには注意が必要です。

この買い方では、**同じ対象を買い増しすることで、分散投資に逆行しつつ、リスクを拡大することになります**。個人投資家の資金レベルでは、ただでさえ銘柄分散が不足しがちになります。ナンピン買いで損を挽回したい気持ちをぐっとこらえて、その分の資金で別の銘柄を買う方が合理的です。

持ち株が値下がりしたときには、それを直視して、認める勇気が大切です。運用は単なる運用であって、人間の評価とは別物です。損が悔しいものであることは確かですが、損が出た場合に、冷静かつ合理的に対処することが大切なのです。損を直視せずに、自分で判断することを放棄して、買値を基準に非合理的な売り買いをするということは、愚かだというしかありません。

「愚かだ」などと偉そうに書きましたが、正直にいうと、私も自分の買値は「かなり」気になります。しかし、この辺をやせ我慢して自分をコントロールすることも投資の楽しみの一つだ、と考えるようにしましょう。

株を売るのは買った理由がなくなったとき

それでは、合理的な売り時の判断ルールとはどのようなものでしょうか。

大まかには、**「買った時の根拠がなくなった時に、売ることを考える」**と理解しておくといいと思います。

「買った時の根拠がなくなった」とする典型的な事例としては、割安だと思って買った株の株価が上昇して、割安でなくなった場合があります。

利益予想が上方修正されているといった別の買い材料があれば、さらに保有していてもいい場合があります。しかし、そういった材料がなく、単に株価が上がったという場合には、適当なところで別れを告げるべきかもしれません。株価の上昇は、自分の知らない理由によるのかもしれませんが、自分が知らない以上、知っている市場参加者に株を差し上げると考えることができます。

なかでも、出来高が急増しているような銘柄については、注目が増して、情報がすでに行き渡っている可能性が高いと考えます。この場合、多くの参加者がいる中で、自分が引き続き情報における優位性を持っているとは考えにくい。良い売り時となる場合がしばしばあることを覚えておきましょう。

株の売り時を大雑把に決めるなら、**①株価の水準（主にPERから見ます）と②利益予想の変化方向を見て、その両方で「買う材料はない」という時が、「売り時」だ**と判断してよいのではないでしょうか。

また、少々専門的になりますが、別の理由としては、ポートフォリオにおけるその銘柄のリスクが大きくなった場合に、ポートフォリオ全体のリスクが改善する分だけ売る、ということが考えられます。

たとえば、一つの銘柄が買値から何倍にも値上がりすると、ポートフォリオの中でその銘柄のリスクの与える影響が大きくなり過ぎる可能性があります。その場合、この銘柄を売ることは、正しい判断です。ただし、この場合は、持ち株を部分的に売ることでポートフォリオ全体のリスクが改善すると、その時点で「売る理由」はなくなります。それ以上に売ることは、反対にポートフォリオのバランスを損なったり、必要以上に売買コストが掛かる原因となります。こうした「株価の値上がり」が売却理由になるときは、部分的な売却が正しい判断になる場合が多いことも覚えておくといいでしょう。

さらに、**可能性としては、運用資金が一定の場合、持ち株とは別の銘柄の中に、素晴ら**

しく期待リターンが高い銘柄を見つけたときも「売り時」になり得ます。この場合、持ち株の期待リターンが悪化していなくても、その銘柄を売って作った資金で別の銘柄（複数の場合もある）を買うことが正解になります。

買った銘柄は長期保有することが原則ですし、長期で保有できるような銘柄を買うのが基本ですが、こうした「売り時」の目安も覚えておくとよいでしょう。

一番重要な「売り」の理由

株の売り時について、最後に最も大切な理由を付け加えておきます。

それは、**「お金が必要になったとき」**です。

株式の運用は、お金をふやすために行うのが普通です。本当にお金が必要な場合は、持ち株をちゅうちょなく売って現金に換えましょう。上げ相場だからといって、株を保有したまま、借金でお金を調達するような人はいないとは思いますが、ためらいは不要です。「お金の授業」らしく理論的にいうと、持ち株の期待リターンがもたらす効用よりも、現金の効用の方が高くなったのだから、株を現金に換えることが合理的です。気持ちよく使いましょう！

持ち株を「売る」ことが正しい場合を、おそらく重要と考えられる順にまとめると左図

株の売り時、4つの基準

① 現金が必要になった時

本当にお金が必要な場合は、持ち株をちゅうちょなく売って現金に換える

② その銘柄を買った理由がなくなった時

株価の水準（主にPER）と利益予想の変化方向を見て判断する

③ その銘柄のリスクが過大になった時

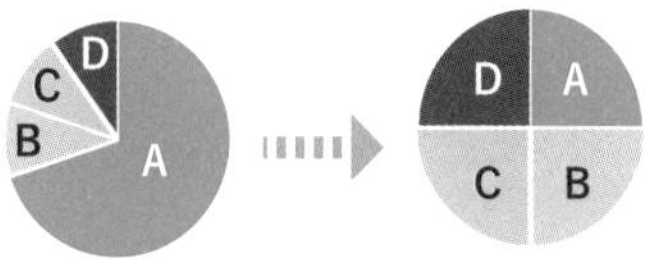

リスクが大きくなりすぎた銘柄を部分的に売って改善する

④ 他の良い銘柄が見つかった時

銘柄を売って作った資金で別の銘柄を買う

のような感じでしょうか。おおむねこの四つを心得ておけば、株の「売り時」の理解として十分です（②、③、④は順位が入れ替わることがあります）。

8
限目

投資信託で
お金をふやす

アクティブ・ファンドとインデックス・ファンド

投資信託を正しく理解する

ここでは、多くの個人投資家にとってお金の運用の現実的な選択肢となる投資信託（ファンド）についてお話しします。

投資信託とは、大まかには共同投資の仕組みを持つ運用商品です。投資家が持ち寄ったお金を誰かがまとめて運用し、その成果を持ち寄った金額に応じて分配することができたら、それは便利です。この仕組みをビジネスとして提供するのが投資信託です。

便利だという理由の一つは、お金をまとまった金額で運用すると、多くの対象に分散投資ができるため、リスクを低減することができることです。**投資信託の最大の長所は、個人投資家が運用する小口の資金で、分散投資のメリットを享受できる点**です。

もう一つの理由として、**運用業界がことさら強調するのは、自分の資金をプロに運用して貰えるという点**です。私も、かつて投資信託のファンドマネジャーの仕事をしていたことがありますから、投資信託はプロが運用している、という事実について否定しませんが、その中身については、正しく理解しておくべきでしょう。

投資信託において、プロが運用する、という事実は、「自分に代わって、無難な運用をしてくれる」ということに過ぎず、「自分よりも、必ず上手な運用をしてくれる」ということではありません。率直にいって、商品によっては「無難な」といえるレベルにすらならないものもありますが、適切な商品を選ぶのなら、自分で運用する代わりにプロに無難に運用してもらうことは可能です。

よくある誤解として、プロが運用するのだから、「特別に上手い運用」、たとえば市場平均を常に上回る運用が期待できるのだろう、と考える人が少なからずいます。はっきりと言います。その考えは、「間違っています」。

運用ビジネスは、不確実な現世御利益を売って儲ける点で、ビジネスとしての宗教と同じ構造を持っています。不信心だといわれるかもしれませんが、いかに有り難い宗教といえども、信者に現世利益を与えることは簡単ではありません。しかし、現世ないしは来世に信心によって何らかのメリットがあることを信者に訴え、信じさせなければならないのが、ビジネスとしての宗教の構造です。

運用ビジネスにおいては、「市場平均に勝てるプロの運用力」という、実際には存在し得ない能力を、あたかも自分たちが持っているかのように顧客に思わせて、自社の運用商品を買って貰わなければなりません。そこで、運用業界の側では「プロなのだから、自分よりも、必ず上手な運用をしてくれる」という顧客側の勘違いを歓迎こそすれ、訂正することはありません。それどころか、時に積極的に利用することさえあります。彼らも商売なのですから、顧客の側で誤った知識は正し、賢く付き合っていくのが正解でしょう。

運用業界の不都合な真実

運用には、市場平均を上回ることを目指す「**アクティブ運用**」と、市場平均並みの運用を目指す「**パッシブ運用**」の二種類があります。より正確にいうと、多くは市場平均を代表するベンチマーク（運用目標）と同じパフォーマンスを目指すのがパッシブ運用です。

アクティブ運用を行う投資信託を「**アクティブ・ファンド**」と呼び、パッシブ運用の中で、株価指数などのいわゆる「インデックス」と同じパフォーマンス（運用成績）を目指す運用商品を「**インデックス・ファンド**」と呼びます（二二五ページ図参照）。なお、日本株の代表的なインデックスとしては、ＴＯＰＩＸ（東証一部上場の全銘柄によって計算される東証株価指数）があります。

アクティブ・ファンドに関しては、次に述べる二つの事実を知っておくとよいでしょう。私はこれらを「運用業界の二つの不都合な真実」と呼んでいます。

「運用業界の不都合な真実、その一」は、**「アクティブ・ファンドの平均パフォーマンスはインデックス・ファンドの平均パフォーマンスを下回る」**ということです。

市場平均以上を目指すファンドが、市場平均並みの運用をするファンドに成績が劣るとは、なんとも不思議に思われるかもしれませんが、主な理由は、そもそも安定して市場平均に勝てるような「人」や「ノウハウ」が存在しないことに加えて、アクティブ・ファンドの方が運用手数料が高いことと、ファンド内での売買がインデックス・ファンドよりも頻繁になるため、売買手数料が多く掛かることの二点です。

全てのインデックス・ファンドが市場平均にぴったり合っているわけではありませんが、インデックスがおおむね市場平均を代表し、手数料に大きな差がある限り、この構造は変わりようがありません。

「運用業界の不都合な真実、その二」は、**「相対的に良いパフォーマンスのアクティブ・ファンドを『事前に』選ぶことはできない」**ということです。

過去の運用が優れていたファンドを「事後的に」選ぶことは簡単にできますが、将来良

い結果を出すファンドを「事前に」選ぶことはできません。そのような都合のいいことができるのなら、本当に儲かって仕方がないのですが、現実にそう上手くはいきません。

また、過去に優れたパフォーマンスを収めたファンドが、今後も優れていると保証できる事実はありません。

この二つの「真実」から導き出される論理的な答えは、「**手数料に大きな差がある限り、アクティブ・ファンドを買うことに経済的合理性はない**」です。これが、販売会社も含む運用業界にとって不都合であり、知られたくない事実であることは、容易に想像できるでしょう。

証券会社や銀行のセールスマン、あるいは、ファンド選択をアドバイスするFP（ファイナンシャル・プランナー）などが、「いいファンドを選ぶ『ファンドの目利き』が大事です」などと言うことがありますが、この言い方は、微妙に論点をずらしています。「大事です」に嘘はなくても、「それが可能でない」のなら意味がありません。

ファンドを売ったり、人に薦めたりすることで収入を得る人は、「良いファンドを事前に選ぶこと」が可能であるかのように言ったり、本当に可能だと信じていたりしますが（セールスのコツは、まず自分が信じることです）、予想が外れた場合に対して責任を負うわけではありません。「うますぎる話は疑え」というのは大事な経済常識です。

アクティブ/インデックス運用の違い

アクティブ運用のイメージ

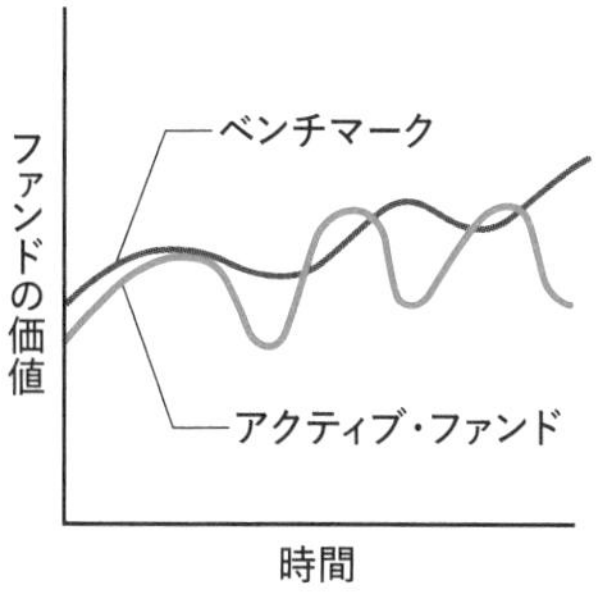

・運用者の裁量による
・手数料が高い

インデックス運用のイメージ

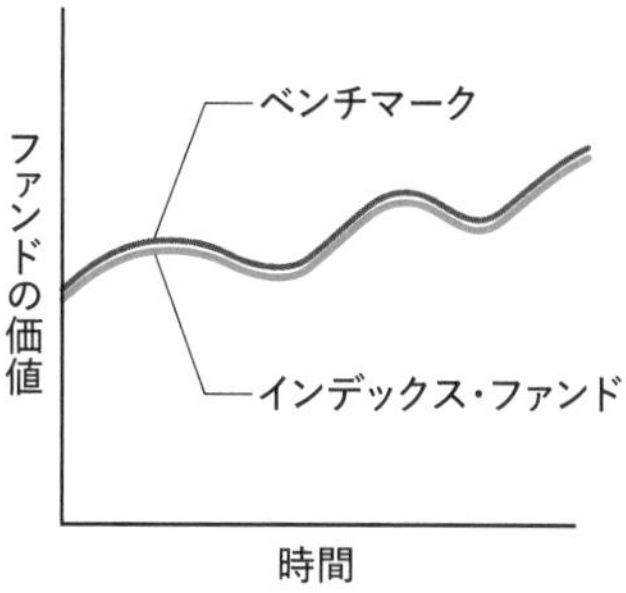

・株価指数に連動する
・手数料が安い

運用業界の不都合な真実

1

アクティブ・ファンドの平均パフォーマンスはインデックス・ファンドの平均パフォーマンスを下回る

2

「相対的に良いパフォーマンスのアクティブ・ファンドを『事前に』選ぶことはできない

▼

手数料に大きな差がある限り、
アクティブ・ファンドを買うことに経済的合理性はない

メリットとデメリットを知る

大切なのは手数料

投資信託には、プロが自分の代わりに無難な運用をしてくれるという他に、地味ではありますが見逃すことのできないメリットがあります。それは、**運用財産が受託会社（一般に信託銀行）でファンドごとに分別管理されているので、仮に販売会社（証券会社や銀行）や運用会社が破たんしても、運用財産の安全性に問題がないことです。**この点が、ペイオフリスクのある預金に比べて、メリットといえます。

また、原則として財産価値を毎日時価評価し、一口あたりの純資産価値を「基準価額」として発表しているので、運用の状況が分かりやすいことも、顧客側のメリットといっていいでしょう。

他方、デメリットは、ひとえに**手数料が掛かる**ことです。手数料は「確実なマイナスリターン」であり、そもそもお金の運用が、「お金をふやす」ことを目的としている以上、明確なデメリットです。

しかし、サービスのメリットを買うためには相応のコストが掛かることは仕方がありません。肝心なのは、メリットとデメリットの両方を受け入れることと、不要なコストを避けて、できるだけ損の少ない（つまり、ベストな）選択をすることです。

投資信託の手数料には、主に、購入時に掛かる「**販売手数料**」と、「**信託報酬**」と呼ばれる継続的に掛かる運用・管理の手数料の二種類があります。

販売手数料は、商品によって異なり、同じ商品であっても、購入する窓口によって異なることがあります。最近では、「ノー・ロード」といって販売手数料を取らないファンドや販売会社（主にネット証券）がふえてきました。また、同じ商品を同じ証券会社で購入する場合でも、窓口で買うより、インターネットを利用した取引で買う方が、手数料が安かったり、ノー・ロードであったりすることがあります。当然、ノー・ロードのファンドかつ販売会社を選ぶべきです。

信託報酬は、年率であらかじめ決まっていて、毎日、運用財産の中から自動的に差し引かれます。これを気にしない投資家もいるようですが、継続的に掛かるコストであるために、影響は決して小さくありません。たとえば、国内株式で運用するアクティブ・ファンドでは年率一・五％前後の信託報酬が掛かるものがありますが、仮に一〇年間運用していた場合、単純計算で一五％にもなります。インデックス・ファンドの場合、これが年率〇・二％を切るものがありますし、後述するＥＴＦなら〇・一％前後です。資産運用は、そもそもが長期にわたって行うものですから、この差を気にしないとする投資家は、はっきり言って、運用業界のよい「カモ」になっていると自覚するべきです。

なお、これらの手数料の他に、解約時に「信託財産留保金」という手数料を差し引くファンドがあります。これは、投資家がファンドを解約すると、ファンドは投資していた有価証券などを売却して解約金を返却することになるため、ファンドに留まる投資家にとってコストをもたらすことを補う目的で設けられています。「ファンドを去る投資家が、留まる投資家のために支払う手数料」なので、これがあることを基本的にはデメリットだと思う必要がない性質のものです。

メリットとデメリット、注意点

最後に、ここまでお話ししてきた投資信託のメリットとデメリットを左図にまとめましたので、復習がてら確認しておきましょう。

投資信託のメリットとデメリット

メリット

1. 少額で分散投資ができる
2. 「無難な運用」を代行して貰うことができる
3. 運用資産が信託銀行で管理されていて安全である
4. 毎日基準価額が分かって運用状況を把握できる

デメリット

1. アクティブ・ファンドの平均はインデックス・ファンドに劣る
2. 相対的に優れたアクティブ・ファンドを事前に選ぶことができない
3. 手数料は、販売手数料と信託報酬の主に二種類。特に、後者に注意

注意点 「プロの運用」に過剰な期待をしない

参考：運用業界の不都合な真実

上場型の投資信託

投資信託の中には、株式のように、市場で取引できる「上場型」の投資信託がありま す。

通称「**ETF**」(Exchange Traded Fund の頭文字を取ったもの。「上場型投資信託」と訳される)と呼ばれるもので、証券取引所に上場されて、信用取引なども含めて上場株式と同じように取引できます。商品にもよりますが、信託報酬が非常に安いファンドもあり、海外の取引所に上場されているものも含めて、注目に値する金融商品です。

当面、ETFで投資対象として有望なのは**インデックス・ファンド**です。ただし、ETFはある程度の資産規模がなければ運用が安定しないことがあり、また、頻繁に売買されない流動性の低い商品だと、売りたいときに売れないというリスクがあるので、信託報酬を確認すると同時に、資産額と売買高を見る必要があります。

また、「**REIT**」(Real Estate Investment Trust。「不動産投資信託」)も、同じく株式のように取引できる投資信託です。ファンドの選び方や投資の時期などに工夫が必要で、投資

「ETF」と「REIT」の特徴

ETF	Exchange Traded Fund／「上場型投資信託」 ・信用取引なども含めて上場株式と同じように取引できる ・信託報酬が非常に安いファンドもある ・ものによっては売りたいときに売れない
REIT	Real Estate Investment Trust／「不動産投資信託」 ・株式のように取引できる投資信託 ・個別の不動産物件へ投資するよりも、優れている場合がある ・不動産の仲介手数料よりもＲＥＩＴの売買手数料の方が大幅に安い

信託としては、簡単な商品ではありませんが、不動産への投資を考える場合に、個別の不動産物件へ投資するよりも、優れているのではないかと思われる場合があります。

ＲＥＩＴは個別不動産物件のように買い手を見つけて来なくても市場で売ることができますし、分割して少しずつ売ることも可能です。また、不動産の仲介手数料よりもＲＥＩＴの売買手数料の方が大幅に安い。また、個別の物件で分散投資するには巨額の資金が必要ですが、ＲＥＩＴの中身は分散投資されています。つまり、流動性、売買コスト、リスクの点でＲＥＩＴは個別物件の投資よりも優れていると考えることができます。

投資信託の「正しい選び方」

誰もが投資信託を選ぶ時代

先日、とあるパネル・ディスカッションに参加した際に、「投資信託は、どう選んだらいいのですか？」という、直球ど真ん中の質問が取り上げられました。

投資信託は、少額で分散投資ができる個人の資産運用にとって便利なツールです。徐々に普及範囲を拡げつつある確定拠出年金に加えて、二〇一四年からはＮＩＳＡ（少額投資非課税制度）が、二〇一八年からはつみたてＮＩＳＡがスタートしたので、投資信託の選び方は、お金を運用するほとんどの人にとって重要な知識となりました。確定拠出年金でもＮＩＳＡでも、リスクを取った運用対象の選択肢は、事実上投資信託に限られるからです（確定拠出年金、ＮＩＳＡについては9限目参照）。

投資家を意識する人のみならず、今や個人の大半が「投資信託の正しい選び方」を知るべきときが来ています。

投資信託の選び方七カ条

投資信託の選び方について、七カ条にまとめてみました。具体的な手順として五カ条と、重要な注意が二カ条あります。

【投資信託の選び方七カ条】

具体的な手順五カ条

1. いきなりファンドを選ばず、資産クラスを選ぶ
2. シンプルなファンドを「自分で」組み合わせる
3. 信託報酬の高いファンドを除外する
4. 売買手数料の安いチャネルで買う
5. ファンドの資産規模・流動性を確認する

重要な注意二カ条

6. 分配金にこだわらない
7. 過去の運用成績で選ばない

①いきなりファンドを選ばず、資産クラスを選ぶ

投資信託に投資する場合、いきなりファンド、つまり個別の投資信託商品を選んではいけません。これは、是非とも覚えておいてほしいポイントです。

自分のお金を、「国内株式」、「外国株式」（外国株式は、さらに先進国株式と新興国株式に分けて考える場合もあります）、「国内債券」、「外国債券」、「国内不動産」、……といった資産クラス（資産の大まかな分類）のどれに、いくら投資するのかを決めてから、ファンドを選ぶべきです。

こうしないと、自分がどれだけの大きさで、どういった性質のリスクを取っているのかを自分自身で把握することができなくなります。

国内と先進国の債券利回りが歴史的な低位にある現状を前提とすると、例えば、リスクを取ってもいいと思う資産の五〇%を国内株式に、五〇%を先進国株式（投資対象国が分散されているもの）に投資するような配分が「無難」でしょう。機関投資家の運用計画が前提とするリスクとリターンを参考にすると、もう少し外国株が多くても（外国株六〇%、国内株四〇%など）いいかもしれませんし、全世界株（日本株を含む）一本でも、大きな差はありません。「TOPIXだけ」「S&P500だけ」といった一国の株式にだけ投

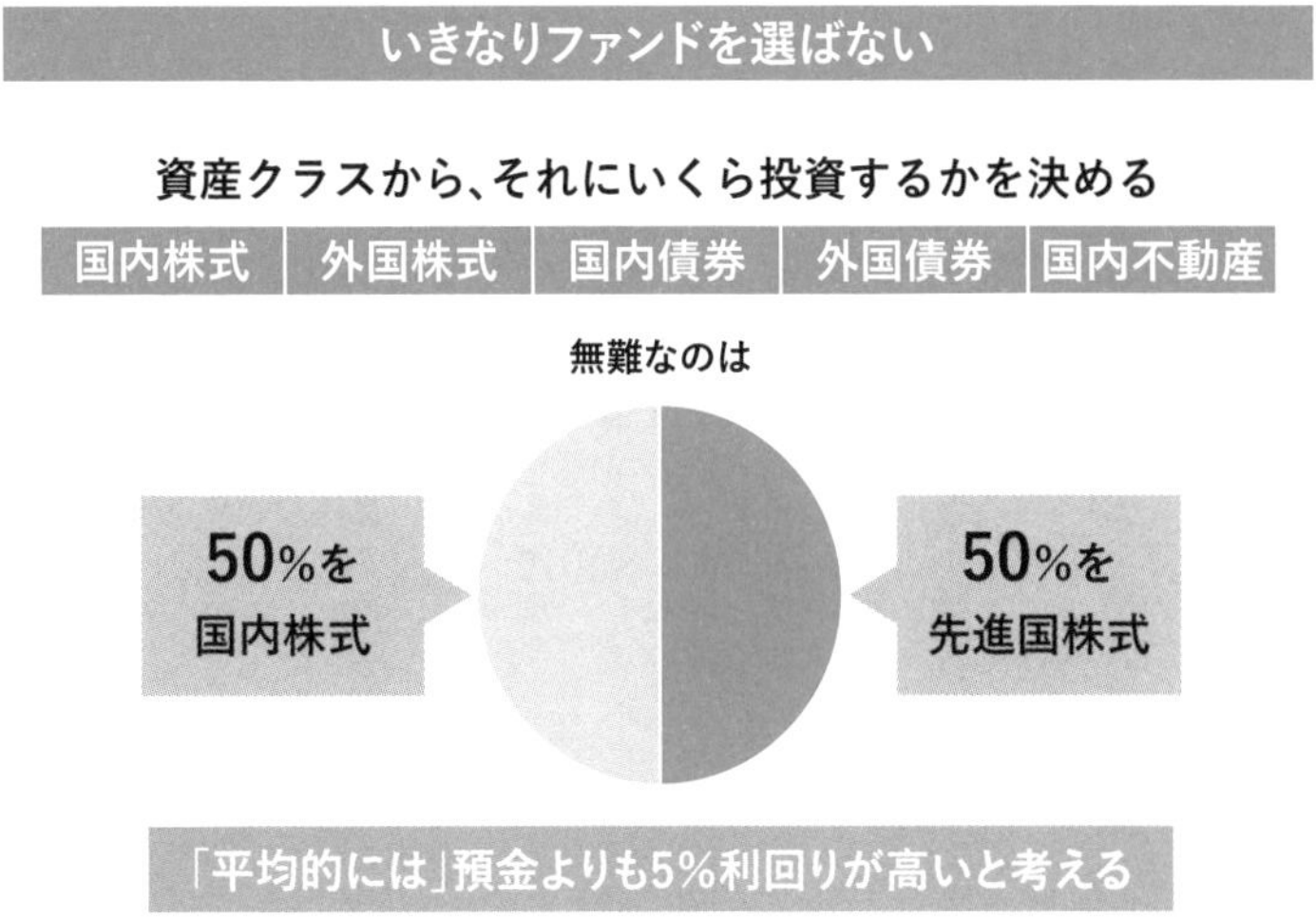
いきなりファンドを選ばない
資産クラスから、それにいくら投資するかを決める
国内株式
外国株式
国内債券
外国債券
国内不動産
無難なのは
50%を
国内株式
50%を
先進国株式
「平均的には」預金よりも5%利回りが高いと考える

資するのは、避ける方がいいでしょう。リスクを取る金額を決めるにあたっては、6限目でも述べましたが、「一年後に最悪で投資額の三割程度を失うかもしれないが、『平均的には』預金よりも五％利回りの高い対象に、いくら投資したいか？」と自問してみてください。

金融マンやファイナンシャル・プランナーの言うなりに運用を決めてはいけません。仮にアドバイスを聞く場合でも、資産クラス別に何にいくら投資するのかを自分で把握しながら投資するべきです。

また、ファンドを選択する際には、**広い範囲の運用会社から選ぶことが原則です。**売買窓口を先に決めて、その窓口で扱っているファンドの中から選ぶ、というアプローチを採ると、最適なファンドを選ぶことができずに損をする公算が大きい。くれぐれも、気をつけてほしいポイントです。

②シンプルなファンドを「自分で」組み合わせる

どの資産クラスにいくら投資するかが決まったら、次は、資産クラスごとに投資する商品を選びます。その際に忘れてはならないのは、**「シンプルなファンドを選び、自分で組み合わせる」**ということです。

リスク資産に投資する資金のうち、国内株式に投資しようと決めた資金は、原則として国内株式に一〇〇%投資するファンドに投資しましょう。外国株式に投資する資金は、同様に一〇〇%外国株式で構成されているファンドを選びます。

極めて当たり前のことに思われますが、現実には、実践できていない人が多く、また、そのことに気づいていない投資家が多いと感じるために、敢えて「七カ条」の一つに取り上げました。

なぜそうなるのか、その主な原因は、「バランス・ファンド」と呼ばれるタイプの投資信託にあります。

これは、一つのファンドの中で、複数の資産クラスに投資するもので、「ミドルリスク、ミドルリターン」であるとか、「資産配分をプロに任せることができる」といった売り文句でセールスされる場合が多い。

しかし、投資対象としてバランス・ファンドを選択することは、多くの場合、適切ではありません。理由は二つあります。

大きな理由として、バランス・ファンドに投資すると、株式や債券など個別の資産で運用するシンプルなファンドを自分で組み合わせて投資するよりも、**手数料が高くつく場合が多い**ことです。これは、**「幕の内弁当は箱代が高い！」**と考えると事情をお分かりいただけると思います。

毎日食べるなら、自炊しないまでもお総菜を個別に買い、ご飯くらいは自分で炊く方が経済的です。「自炊」は自分でする運用、お総菜はシンプルなファンド、ご飯は預金や個人向け国債、の比喩だと考えるとお分かりいただけるでしょう。

バランス・ファンドがまずい、もう一つの理由は、**顧客の側で運用の中身が把握しにくい**ことにあります。特に、資産配分をファンドマネジャーの判断で変更するタイプのファンドでは、この把握がさらに難しくなります。

資産クラスごとに、どのようなウェイトで幾ら運用されているのかが分からないと、投資家は、自分が取っているリスクの大きさや種類が分かりません。これは、バランス・フ

シンプルなファンドを選び、自分で組み合わせる

基本的には

国内株式	100%国内株式に投資するファンド
外国株式	100%外国株式に投資するファンド

を組み合わせる!

バランス・ファンドの問題点

手数料が高くつく場合が多い	顧客の側で運用の中身が把握しにくい

自分で全体をコントロールできるようにすることが大切

アンドに限らず、運用において、先に資産配分計画を立ててから商品選択をした方がいいという、七カ条の一つ目の根拠となる理由でもあります。

尚、運用者が株式と債券の比率配分（「アセット・アロケーション」といいます）を適切に変化させてくれるとメリットを謳うケースがありますが、市場のタイミングを見極めて**アセット・アロケーションを五分五分よりも上手くやり続ける運用者（運用会社も含む）はいない**というのが、運用業界の常識です。

運用においては、シンプルな商品を組み合わせて、自分で全体をコントロールできるようにすることが大切です。

③ 信託報酬の高いファンドを除外する

どの資産クラスにいくら投資するかが決まると、投資家にできることは、手数料が安くて、運用に問題のないファンドを選ぶことだけです。

手数料は確実なマイナスのリターンです。運用商品とは、つまるところ資本市場から素材を取ってきて、これを商品としてパッケージングして、手数料を乗せて売る、という構造で成り立っています。資本市場で成立している価格は、プロを含む市場参加者が決めた、売っても買っても「フェアな条件」で決められたものだと考えることができます。そうすると、手数料という「コスト」が掛かる分だけ、商品の購入者がフェアな条件から遠ざかることが分かります。このコストをできるだけ圧縮することが重要であり、それは、商品を購入する側で可能となる最大の運用努力です。

手数料にあってはまず、継続的に掛かる信託報酬に注目しましょう。同じ資産クラスの中で、他のファンドと比較して明らかに信託報酬が高いファンドは、それだけで投資対象候補から除外してかまいません。

実質的にどのくらいの手数料差があると問題なのか、ということは、簡単には答えにくい議論の余地のある部分です。しかし、年率〇・一%でも節約できるに越したことはありません。手数料の差が〇・二％あれば「小さくない」と判断でき、それが〇・五％もあるようだと「大差だ」と考えてよいでしょう。

このように考えると、少なくとも、同じ資産クラスの運用商品で、手数料が明白に高い商品の出る幕はありません。相対的な手数料が高い現実の投資信託の九九％は、はっきりいって、最初から検討に値しないと言い切っていいでしょう。

④ 売買手数料の安いチャネルで買う

資産クラスごとに信託報酬が安いファンドを選ぶとなると、現実的には、株価指数に連動するインデックス・ファンドを選ぶことになります。

ここで気をつけてほしいポイントは、投資信託を買うチャネルによって、購入時に掛かる手数料が異なることです。現在、投資信託という商品は、一物一価ではありません。

ほぼ全ての場合、**購入時に手数料が掛からない「ノー・ロード」のファンドがいいはずです**。ネット証券を通じて買うか、運用会社から直接買うかのどちらかの場合、ノー・ロードで買えるケースが多いことを覚えておきましょう。

投資信託は、購入時に手数料を払うものではない、ということを常識にしたいと思います。

⑤ファンドの資産規模・流動性を確認する

ファンドが設定したて、あるいは、資産残高が減って、数億円、十数億円、といった少額で運用されている場合、十分な分散投資ができず運用内容が安定しないし、ファンドが償還されてしまう可能性があるので、様子を見る方がいいかもしれません。「償還」とは、そのファンドの運用が終了して、信託財産が清算され、投資金額に応じた償還金が返還されてしまうことをいいます。運用資産のカテゴリーにもよりますが、大まかには、資産が一〇〇億円以上あれば大丈夫と考えていいでしょう。加えて、前述のETFの場合、市場でスムーズに売買（とくに換金）できることが重要です。加えて、ETFでは、同類のファンドの中で、資産額が大きくて、売買が活発なものにますます資金が流入しやすく、「一人勝ち」的な傾向があります。おおむね、自分の投資額の一〇〇〇倍くらいの売買代金が常時あるかどうかをさらに選択の基準に加えるとよいでしょう。

⑥分配金にこだわらない

現在、残念なことながら、分配金を毎月支払う「毎月分配型」のファンドがよく売れています。

しかし、毎月分配型は、年一回分配や分配金を支払わない投資信託と比較して、**運用自体の期待リターンがプラスなら、税制上損な仕組みになっています**。また、現実的に、毎月分配型の商品のほとんどが、信託報酬だけで年率一%を超えるので、お金をふやすための運用対象としては不適当です。

自分の利益につながる商業的な立場から顧客にアドバイスする不心得なFP（ファイナンシャル・プランナー）は、しばしば「分配金にニーズのある投資家は……」といった前提を設定して、毎月分配型のファンドを勧める余地を作ろうとしますが、「分配金ニーズ」に経済合理性など存在しない、と考えておくべきです。

自分の手持ちの資金を全て毎月分配型ファンドに投資するのは、たぶん誰にとっても適切ではありません。普通預金その他の、換金しやすくて、安全な資産を別に相当額持っているのが普通でしょう。だとすれば、課税されて分配金を受け取るよりも、日常の生活費は、預金から必要額を取り崩して使う方が明らかに得です。

資産の大半を毎月分配型ファンドに投資して、分配金で生活費その他の経費をまかなう形は合理的ではありません。現実的には、毎月分配型ファンドを投資対象から除外すればいいのです。これを候補に挙げる投資アドバイザーは遠ざけるのが賢明です。

不幸にして、すでに毎月型分配ファンドをお持ちの方は「即時解約」で構いません。

⑦ 過去の運用成績で選ばない

「過去のパフォーマンスくらいは調べて投資しましょう」、あるいは「ファンドの『目利き』が重要です」といった言葉に釣られて、相対的に運用成績のいいアクティブ・ファンドを「事前に」選ぶことができると思わないでください。そんなことは、プロも含めて誰にもできません。

特に、**過去の運用成績と将来の運用成績が、無関係であることを強く意識すべきです**。投資家としては、過去の運用成績を調べないことを後ろめたく思うかもしれませんが、過去の成績を調べたからといって、将来の運用成績のいいファンドを選ぶ役には立たないことを忘れるべきではありません。

努力で改善できないことについて、努力するのは無駄です。運用の上手いアクティブ・ファンドを探すことができる、と思って投資信託を選ぶのは止めた方がいい。

加えて、それ以上に、上手いアクティブ・ファンドを選ぶことができるという前提に立つアドバイス及びアドバイザーを疑うべきです。

国内の公募の投資信託は現在五〇〇〇本以上あり、これは、株式上場銘柄よりも実は多いのです。ですが、前記の心得を理解して活用するなら、たぶん、投資してもいい投資信託は数十本、たぶん、全体の一%未満の範囲に絞り込まれるはずです。

以上の話は、金融論的には、「明らかに劣るものは、劣っている」という当たり前の話に過ぎません。

9
限目

資産運用はトータルで考える

税制優遇制度は積極的に活用する

ここまで三つの章にわたって、資産運用についてのお話をしてきました。その総まとめとなる本章では、①税制優遇制度について、②その税制優遇制度を利用したトータルでの資産運用の考え方について、それぞれ説明することにします。

繰り返しお伝えしてきましたが、**資産運用において、個人の投資家にできる最大の自助努力は、コストの圧縮です**。売買の際にかかる手数料や、運用期間中にかかる信託報酬がその主たる内容となりますが、もう一つ、私たちの努力、というより、利用しているかどうかの違いだけで小さくないコストの圧縮が可能になることがあります。それは、税制優遇制度の活用です。

ここで紹介するＮＩＳＡ（ニーサ）も確定拠出年金も、共に幅広く多くの人々が利用できる税制優遇制度です。同じだけの資金を同じ運用商品に同じ期間投資しても、これらの制度を知っていて利用しているかどうかで、結果として、実質的なリターンに差が生まれます。

もちろん、納税は義務ですから、払わなければならない税金は払わなければなりませんが、払わなくていいよといってくれている税金まで払う必要はありません。

もう一つ、これらの制度を利用するときには、**「資産運用はトータルで考えて、全体が最適になるように活用する」**ということを覚えておいてください。

投資家が目指すのは、あくまで**「自分の運用全体が最適になるような投資」**です。NISAや確定拠出年金といった個別の制度の中だけで「最適」と思う運用になっていても、運用全体として最適でなければ適切ではありません。

まずは両制度について理解した上で、運用全体の中で、どう位置づけて、どのように活用するかを見ていきましょう。

NISA（少額投資非課税制度）の仕組みを知る

NISAとは何か

NISAは二〇一四年一月にスタートした制度で、二〇一六年にはジュニアNISA、二〇一八年にはつみたてNISAがスタートしました。

押さえておくべきNISA（つみたてNISAとの区別の際は一般NISAと呼びます）と、つみたてNISAについて主に解説します。

一般NISAとつみたてNISAは、満二〇歳以上（利用する年の一月一日時点〈ジュニアNISAは未成年者を対象〉）の国内在住者なら誰でも利用できます。このハードルの低さが、まずは一つ目のメリットといってよいでしょう。

NISAを利用するには、まず、NISAを取り扱っている金融機関（証券会社、銀

NISAとは?

NISAには、
「一般NISA」「つみたてNISA」「ジュニアNISA」の
3種類がある

日本に住む成人
(満20歳以上)

選択制

同一年中にNISAとつみたてNISAを同時に利用することはできません

一般NISA

2014年1月スタート
年間120万円×5年間
=最大600万円

つみたてNISA

2018年1月スタート
〈少額からの長期・積立・分散投資〉
年間40万円×20年間
=最大800万円

日本に住む未成年者
(0〜19歳)

ジュニアNISA

2016年度スタート
〈未成年者(0〜19歳)を対象〉
年間80万円×5年間
=最大400万円

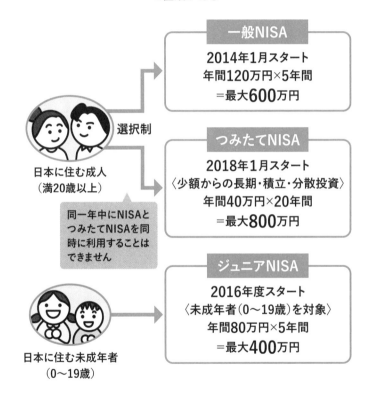

行、信用金庫等）で専用の口座を開設します。大雑把に言うと、後述する一定の条件はありますが、**この口座を通じて投資した商品の運用益が非課税になる制度**です。

配当金、分配金、売買益の全てが非課税の対象となります。通常、これらの運用益には所得税一五・三一五％（二〇三七年一二月三一日までの復興特別所得税を含む）、住民税五％の計二〇・三一五％が課税されますが、ＮＩＳＡでは、それらが丸々非課税となります。これを利用しないのは、実に「もったいない！」ことだとお分かりいただけると思います。

ＮＩＳＡは、今のところ、二〇二三年一二月末日までの期限付きの制度です。

ＮＩＳＡを利用するには、まず、一人につき一つ、専用の口座を開設します。その口座で、一年につき一二〇万円（二〇一六年一月から）まで投資することができます（以下、この口座をＮＩＳＡ口座と呼びます）。ただし、非課税期間は最長五年間と決められていま す。つまり、二〇二一年中に投資した資産での運用益が非課税になるのは、二〇二五年一二月末日までです。同様に、二〇二二年中に投資した分の運用益は二〇二六年、と投資した年ごとに独立して扱います。制度は今のところ一〇年続くことになっているので、残高ベースでは最大六〇〇万円を無税で運用できます。

投資金額の上限は、投資した年ごとに独立してカウントします。たとえば、同じ金融機関内のNISA口座で毎年投資した場合でも、一年目にNISA口座で六〇万円しか投資しなかったからといって、翌年に前年未使用枠を合わせて一八〇万円投資できるようにはなりません。前年の投資額が一二〇万円未満であっても、翌年の投資金額は、やはり一二〇万円が上限となります。

また、NISA口座で扱う商品には条件があります。対象となるのは、上場株式や投資信託です。前述のETF（上場型投資信託）や、REIT（不動産投資信託）も利用できます。しかし、普通預金や個人向け国債、MMFなどの公社債投資信託は、今のところ対象外となり、NISA口座で運用することはできません。

ただし、実際には、NISA口座を開設した金融機関が用意した商品の中から選択することになります。NISA口座を銀行や信用金庫で開設してしまうと、運用できるのは株式投資信託のみであり、上場株式や運用手数料の安いETFに投資することはできません。金融機関によって、利用できる商品に差があるので、口座の開設に際しては注意が必要です。

また、すでに通常の課税口座で運用している商品を、NISA口座に移すことはできません。NISA口座では、新たに購入する商品が対象となります。

NISAはこう使う

実際にNISAを利用するにあたり、口座の開設時、運用中、非課税期間終了後、のそれぞれのタイミングごとに、注意すべきポイントを見ていきましょう。

〈NISA口座を開設する〉

本書執筆時点でNISA口座は一人につき一つまで、と決められています。口座を開設する時は、金融機関に開設申込書と同時に住民票の写しを送ります。それを受けて金融機関から税務署に申請を行い、税務署では、他の金融機関と重複して開設していないか等を調べ、問題がなければ、無事にNISA口座が開設される、という流れになっています。

NISA口座を開設する際は、金融機関の選び方がとても重要になってきます。

それでは、実際にどんな金融機関でNISAを始めればよいのでしょうか。

NISA口座は、証券会社のほかにも銀行（ゆうちょ銀行を含む）や信用金庫で開設することができます（金融機関によっては、取り扱っていないところもありますので、事前に確認が必要です）。

一見、選択肢がとても多いように感じるかもしれませんが、NISAを正しく理解していれば、口座を開いてもよい金融機関は、論理的に絞り込むことができます。

その方法をお伝えする前に、ここで一つお断りをしておきます。私は略歴にもあるとおり、経済評論家であると同時に、楽天証券というネット証券会社の社員でもあります。私は正しいと思うことを客観的に書いているつもりですが、本書の内容においては、私自身も利害関係者の一人であることを注記しておくのがフェアでしょう。

この項目のみならず、本書全体の内容を信用するかどうかは、実際に読んでいただいたみなさんに決めていただきたいと考えています。

さて、NISAにおける金融機関の選び方については、三つの条件を基に考えるとよいでしょう。これらの条件に当てはまる金融機関はどこか、と考えていくとおのずと見えてきます。

NISAを利用するために、最初にやるべきことは、NISAで何に投資するのか、という運用商品の決定です。この手順を飛ばして、いきなり金融機関を決めてしまうと、口座を開いた金融機関では買いたい商品を取り扱っていなかった、ということが十分にあり得るからです。

それでは、NISAではどんな商品を運用するのがよいのでしょうか。

答えから言うと、**ほとんどの人にとって「投資信託」が現実的な選択肢となる**でしょう。詳しくは後述しますが、8限目でご紹介した「投資信託の選び方七カ条」（二三三ページ）の通り、手数料の安いインデックス・ファンドを選ぶと、NISAのメリットを最大限に活かせる可能性が高くなります。特に、**信託報酬が安いETFが、多くの人にとってNISAでのベストな選択となる**でしょう。

そうなると、そもそもETFを購入することができない銀行や信用金庫は、この時点で脱落します。

二番目の条件は、「手数料が総合的に安い」金融機関を選ぶことです。手数料は確実な「マイナスリターン」です。せっかくの運用益非課税というメリットが、全て吹き飛ぶような手数料設定をしている金融機関も中にはあります。それでは全く意味がありません。ここまで読み進めてこられた読者の皆さんには、3限目を思い出していただければお分かりかと思いますが、銀行や信用金庫だけでなく、証券会社においても、窓口での取引は、NISAに限らず選ぶべきではありません。証券会社のネット取引を利用して、手数料を少しでも削減するようにしましょう。

ネット取引では、売買手数料のかからない「ノー・ロード」の商品も多く用意されています。それらのラインナップが、NISA口座でも運用できるかどうかは、金融機関によって様々です。必ず、事前に確認するようにしましょう。

NISAで選ぶべき金融機関の条件

① 投資したい運用商品がある

➡ 投資信託が現実的な選択肢

② 手数料が総合的に安い

➡ 投資信託で信託報酬の安いETFがベスト

③ 自分にとって便利で利用しやすい

➡ ネット証券がベスト

三番目の「**自分にとって便利で利用しやすい」金融機関を選ぶ**ということも、一、二番目ほどではないとしても、やはり重要な条件です。

たとえば、サラリーマンであれば、平日の日中に金融機関の窓口に並ぶことは、なかなか難しい場合が多いでしょう。また、地方の金融機関でNISA口座を開設した後、転勤などで引越しした先にその銀行の支店がないことも、現実として十分にあり得ます。この場合、窓口でしか対応を受け付けていなかったり、支店数が限られているような金融機関では、都度、非常にわずらわしい思いをしなければなりません。

こうした金融機関選びに必要な条件を見ていくと、自ずと、**NISA口座を開設す**

るのは、ネット証券がベストの選択肢だということが見えてきます。ネット専業ではない証券会社で口座を開いた場合でも、ネット取引を用意しているところがあります。その場合、ネット取引専用の商品を用意していたり、同じ商品でも窓口取引より手数料が安かったりすることがありますので、ぜひ確認してみてください。

〈運用中の注意点〉

次に、実際の運用について見ていきましょう。

重要な注意点の一つとして、NISAでは**「途中で売却した分の非課税枠を再利用できない」**という制限があります。

NISA口座で運用する商品は、五年の運用期間中、いつでも好きなタイミングで売却や換金ができます。しかし、途中で売却した場合、その代金をNISA口座で再投資して、再び非課税の優遇を受け続けることはできません。

たとえば、NISA口座で六〇万円を運用し、途中で三〇万円を売却したとします。この場合、NISA口座内は残高三〇万円となり、九〇万円分の「空き」ができますが、その空きを全額利用して追加投資を行って、合計一二〇万円分を非課税で運用するようなことはできません。この年のNISAの投資枠は、売却しなかった三〇万円と、もともと利

NISA運用中の注意点

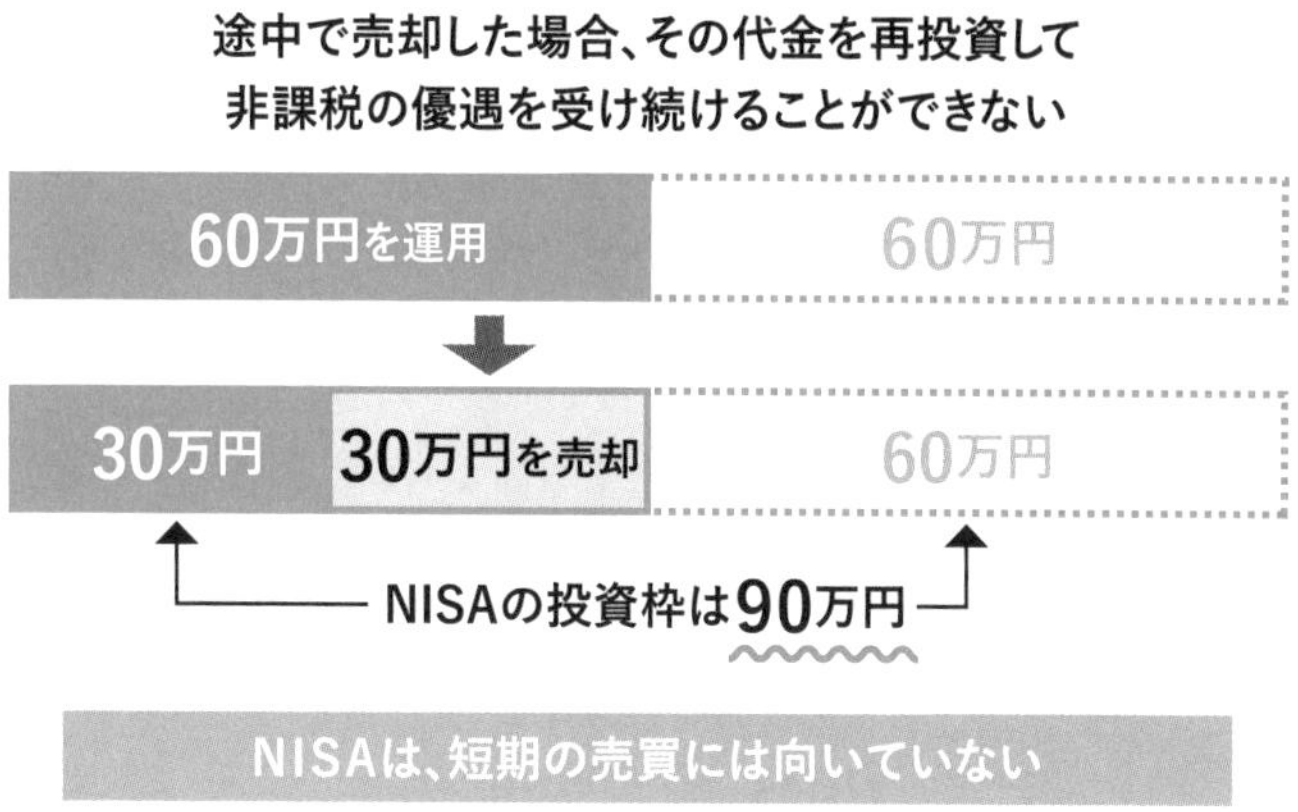
途中で売却した場合、その代金を再投資して
非課税の優遇を受け続けることができない
60万円を運用
60万円
30万円
30万円を売却
60万円
NISAの投資枠は90万円
NISAは、短期の売買には向いていない

用していなかった六〇万円の計九〇万円となります。ＮＩＳＡで追加投資できるのは六〇万円のみであり、途中売却した三〇万円分は、税制優遇の対象から外れてしまいます。

一度売却すると、その分の非課税での運用が終了するということは、ＮＩＳＡは、短期の売買には向いていないということです。非課税のメリットを最大限有効に使うには、「運用期間の途中で売却したくならないものに投資する」ということが肝心です。

そうなると、**株価の値上がりや業績予想の下方修正などで、途中で売りたくなる可能性がある個別株は、ＮＩＳＡには不向きです。**ＮＩＳＡでは、個別株ではなく投資信託、それも、手数料の安いインデックス・ファンドを非課税期間全体を通して持っておくのがよいと分かります。多くの場合、具体的には、TOPIX連動型のETFがベストの選択肢です。他の資産クラスの商品を運用したいという人は、NISA以外で運用して、「全体として」のバランスを取るといいでしょう。

また、NISAでの非課税上限枠は、一年につき一二〇万円ですが、この「一二〇万円」は投資金額の上限であり、時価の上限ではありません。よって、一二〇万円分購入した投資信託が一五〇万円に値上がりした場合も、引き続き全額をNISA口座で運用し、非課税のメリットを得ることができます。また同様に、「一二〇万円」の枠には、商品購入時の手数料等も含まれません。

加えて、NISA口座で上場株式等の配当を受け取る場合は、受け取り方法によっては課税対象になってしまうので注意してください。配当の受け取りは、証券会社の証券口座で受け取る『株式数比例配分方式』という方法であれば、課税はされません。しかし、配当の受け取り方法には、銀行やゆうちょ銀行の預貯金口座で受け取る方式もあり、その場合、NISA以外の課税口座での運用と同じ、二〇・三一五%の税金が課されてしまいます。

受け取り方式を変更する場合、保有銘柄の配当基準日までに手続きを終了しておく必要があります。金融機関によって、手続きに要する日数が異なりますので、早めに確認しておくとよいでしょう。

〈非課税期間終了後の選択肢〉

ＮＩＳＡでの非課税期間は五年です。五年経った後の運用資産には、三つの選択肢があります。

二〇二一年に一二〇万円投資した場合で考えてみましょう。二〇二一年中に投資した資産は、購入が一月であっても一二月であっても、二〇二五年一二月末日に非課税期間の終了を迎えます。そのときに、この二〇二一年投資分は、①ＮＩＳＡ口座以外の通常の課税口座に移す、②売却する、③条件が合えば二〇二六年の新ＮＩＳＡ枠へ移し替える（ロールオーバー）、のうちの一つを選びます。

何の手続きもしなかった場合は、ＮＩＳＡ口座と同じ金融機関の課税口座に移されます。移した時点での時価が、新たな取得価額とされます。

尚、ＮＩＳＡは二〇二四年から、新しい制度（通称・新ＮＩＳＡ）に変更されます。新ＮＩＳＡはこれまでのＮＩＳＡとつみたてＮＩＳＡの中間のような制度です。詳細は金融庁のホームページで確認してください。新ＮＩＳＡでの運用の要点は、「つみたてＮＩＳ

NISAでの運用五原則

1. NISA単独で運用を考えるのではなく、自分の資産運用全体の合計を最適化するような活用を考える。

2. 「非課税のメリット」をより有効に生かすため、自分の資産運用の中で、期待リターンの高い資産の運用部分をNISA口座に割り当てる。

3. 「非課税のメリット」をより有効に生かすため、「一年に、120万円、5年間」の期間を有効に使う。なるべく速やかに大きな金額(最大120万円まで)を投資する。

4. 一度売却するとNISAの対象から外れて、非課税での運用ができなくなるので、自分の資産運用全体の中で、長く保有できそうな部分をNISA口座での運用に割り当てる。

5. できるだけ手数料の安い運用商品・金融機関を選ぶ。

A」と同じような運用をすればいい」ということに尽きます。

つみたてNISA

つみたてNISAとは、その名のとおり、積み立て投資を条件としたものです。年間四〇万円を上限（毎月定額だと約三万三〇〇〇円）に二〇年間にわたって運用益に非課税で運用することができます。これに加えて、金融庁が長期投資に向いた商品として、手数料の安いインデックス・ファンドを中心に、少数の運用商品に投資対象を絞っているのが特徴です。

一般NISAと同様、非課税という大きなメリットがありますが、NISA口座は一つしか持てないため、一般NISAか、つみたてNISAかのどちらかを選択する必要があります。

では、どのように選べばよいでしょうか？　専業主婦や、六〇歳を過ぎた方など、まとまった運用資金がある方は、年間一二〇万円まで運用益非課税で投資できる「一般NISA」を使うといいでしょう。また、まとまったお金がまだない方、これから運用の勉強をしてみようという方は、つみたてNISAがおすすめです。つみたてNISAは長期の積立投資なので「失敗しにくい投資の教材」としていいと思いますし、低コスト商品を長期保有する模範的な投資を促す制度になっているのです。次項で解説するiDeCoと合わせて考えるのが良く、その使い分けについては二七五ページで解説します。

筆者は特に、投資の初心者に対しては、つみたてＮＩＳＡの活用を勧めています。

年金との付き合い方を考える

年金で「さらに損」をしない

はじめに、年金との付き合い方の前提として、**①一〇〇%あてにしない方がいいが、②年金に対する無視や無知は損だ、**ということをお伝えしておきます。

年金に関して、世間では情報が錯綜《さくそう》しており、また、複数の異なる意見が存在します。みなさんの多くが、「何を信じていいのか分からない」という感覚をお持ちかもしれません。私自身も、幾らかそう感じているところがあります。これは、目下、制度自体の先行きが不安定なこともあって仕方のない部分があります。

年金について、どこまでを必要知識とし、どこまでを正確な知識とするかは、難しいところですが、ここでは、知っておくことが望ましい知識を幾つかお話しします。

年金の本質的な機能は、長生きへの経済的な備えと、税制的に優遇された貯蓄の二点があります。

老後の備えである年金に対して税制上の優遇が与えられる根拠は、老後に備えることは望ましいことではあっても、「人生は一度しかないので、一般の人々は身をもってこれを経験から学ぶことができない」という心配に基づいた、「善意の親切かつお節介」によるものだとされています。どの程度までの親切・お節介が適切かどうかは分かりませんが、制度としてすでに存在する以上、優遇措置は上手に利用するのが得です。これはＮＩＳＡにも共通していえる、基本となる考え方です。

ただし、世間で広くいわれているように、日本の各種の年金制度が将来に向かって「厳しい財政状態」にあることは事実であり、将来時点で、年金の「使いで」は、現在よりも小さなものになるかもしれないとの「ほどほどの心配」は持っておきましょう。現在年金を貰っている世代と比べるなら、彼らほどの年金の「使いで」は、皆さんが年を取って受給者の資格を得た時にはないかもしれない、というくらいの意識を持っておくべきです。

とはいえ、「年金はどうせ将来ダメになるし、特に若者には損なのだから、関わらない方がいい」と、単純に決めつけられるものではありません。

年金には掛け金が所得控除できることと、運用益に対して途中非課税であることの、課税繰り延べ効果という大きなメリットがあります。しかし、たとえば、これらのメリットを後述する確定拠出年金で利用しようとしても、**確定拠出年金は、国民年金（あるいは厚**

生年金を通じての基礎年金）に加入していなければ、そもそも利用できない仕組みになっています。

また、基礎年金の財源は、半分を一般会計で負担することになっていて、国民年金に非加入だと、自分は税金を払うものの、税金から半分負担している国民年金の支給を一切受けられないという損が確定してしまいます。所得（つまり税率）や将来利用できる年金制度などによって損得計算は複雑ですが、稼げる仕事があって、それなりに税金を払う人は、国民年金の不払いのような「年金離脱」は損になるでしょう。

老後は生活保護でいいと本気で割り切る人には説得する言葉がありませんが、それなりに稼ぐ（予定の）人の場合、世代的に損であることに立腹して「さらに損！」な状態に陥らないように気をつけてほしいと思います。

年金には、大まかに**①公的年金**と**②企業年金**、あるいは**③個人（単位の）年金**があります。さらに、**確定給付型**なのか、**確定拠出型**なのかという分類があります。

公的年金は、あたかも身分制度のように、本人の勤務形態によって所属する年金制度が異なります。自営業者は国民年金保険のみ、民間サラリーマンは厚生年金、公務員は共済というのが、基本的な制度区分です。これらの諸制度は、「年金一元化」という掛け声の下で、条件の有利・不利を均一化しようとする方向性にあります。それが本当に進むもの

年金の種類

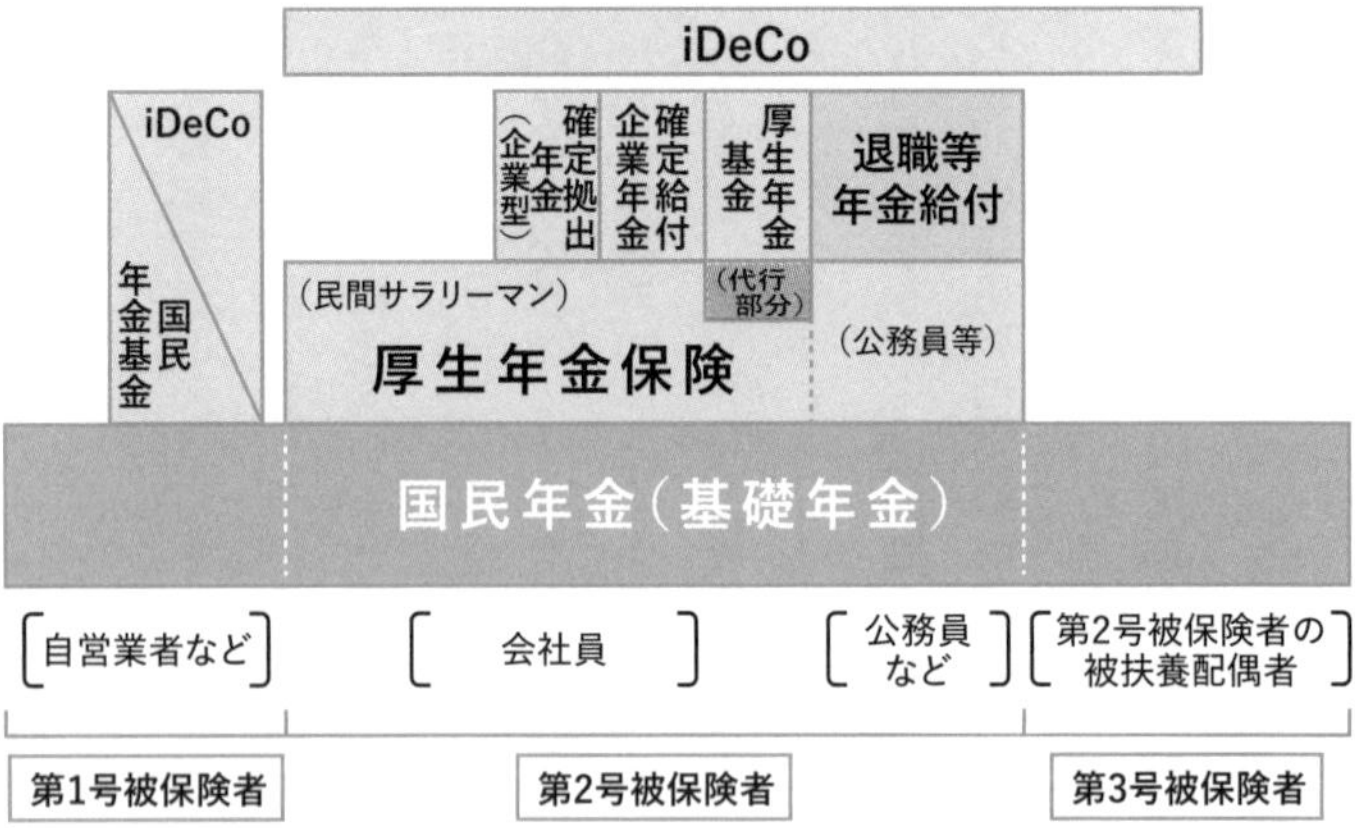

出典：厚生労働省ホームページより作成

なのか、進むとしても、どの程度のペースでどこまで進むのかは、現時点で見通すことはできません。当面は、こうした勤務形態による差異（共済年金は厚生年金よりもよい条件で、かつ独自の上乗せ部分を持っている、など）が完全になくなることはないと思っておくのがよさそうです。

民間サラリーマンの場合、厚生年金だけでなく、企業が用意した年金制度が付加されている場合があります。これは、もともと退職金から派生したものが多いのですが、企業年金の運営と財政状態は企業ごと、年金基金ごとに様々です。率直にいって、日本の年金制度は、加入者の権限がそれほど強くなく、企業年金も財政的に厳しい状況を抱えているケースがあります。どこまで頼れるのかは、ケース・バイ・ケースだとしかいいようがありません。

企業年金の状態は、たいていは、その企業年金基金が用意するホームページや基金そのものに聞くことによって、ある程度把握できます。自分が加入する企業年金については、一度、状況を調べてみることをお勧めします。

確定給付年金（DB）と確定拠出年金（DC）はこんなに違う

年金は、「確定給付年金（DB：Defined Benefit）」と「確定拠出年金（DC：Defined Contribution）」とに分類することができます。公的年金でも企業年金でも、これは同じです。この分類による最も大きな違いは、「運用リスクを誰が負うのか」にあります。

企業年金を例に両者の違いを見ていきましょう。

まず確定給付年金は、文字通り、将来もらえる「給付額」が確定している年金です。掛け金の運用は企業が設立した年金基金が一括して行います。運用がうまくいかず、想定したリターンを得られなかった場合は、企業が運用のリスクを負います。その場合でも、給付額は確定しているため、企業が損失補てんをして給付額を確保します。年金の加入者から見れば、給与額や加入期間などの条件が同じ人であれば、ほぼ同じ金額を将来受け取ることになります。

一方、確定拠出年金では、**確定しているのが「給付額」ではなく「拠出額（掛け金）」であるところが異なります。** 給付額は、掛け金の額と運用実績によって決まります。これが、確定拠出年金の一番の特徴です。さらに、確定拠出年金の運用は加入者ごとに個別に行われ、自己責任が原則です。リスクも加入者の側にあります。そのため、運用がうまくいけば、将来の給付額はふえますが、失敗すると給付額が減ることになり、加入者によって、将来受け取る給付額に差がつきます。

確定拠出年金は、二〇〇一年から始まった比較的新しい年金制度です。従来の確定給付年金から制度移行をする企業が徐々にふえています。二〇二一年三月末の時点で、加入者は約九四一万人います（企業型：七四七万人／個人型：一九四万人）。読者の皆さんの中にも、勤め先の企業で導入しているという人が数多くいるのではないでしょうか。

社員の立場から比べると、年金のことだけを考えるのなら、運用リスクも負わず将来の給付を確保できる確定給付型の方が有り難いかもしれません。また、率直に言うと、確定給付型と確定拠出型の推定利回りを比較した場合、確定拠出型の方が相当に低くなることが多いため、勤め先の企業が確定給付型から確定拠出型に移行する際、実質的に年金の減額と受け取れるケースが少なからず見られます。

しかし、それは同時に、確定給付型の方が、リスクにおいてもコストにおいても、企業にとって負担が大きいことを意味していると考えることができます。

これは、企業の株主や経営者にとって喜ばしい話ではありません。企業が責任をもって運用する確定給付年金は、そのまま株主の損得にはね返ります。企業のビジネスに価値を感じて投資するのに、その企業が運用する年金の資産・負債の価値変動のリスクまで負うのでは、個別株を買ったのに、勝手に投資信託まで抱き合わせ販売されていたようなものです。しかも、資産運用が本業ではない企業がほとんどであるにもかかわらず、です。

また、そこで働く社員にとっても、企業の負担が大きいということは、将来、経営が悪化して給与やボーナスが圧迫されたり、最悪の場合に倒産する可能性があるので、条件がいいからといって、確定給付年金にしがみつくのがよいとも限りません。実際に、米国では大企業であったGMが倒産したのは、金融危機の影響もありましたが、年金の積立て必要額が経営を圧迫したからであったことも、忘れてはなりません。

また、確定給付型の年金は、**長期勤続を奨励し、社員と企業の関係を固定化させる役割もありました。そのため、長期にわたって勤めなければメリットが得られない確定給付型よりも、転・退職しても「自分の年金」として持ち歩ける確定拠出型の方が、近年の雇用の流動化にそっている、フェアな制度だ**と私は思います。

企業経営の立場から見れば、確定給付型から確定拠出型へのトレンドは、合理的な流れでしょう。確定拠出年金を導入すると、掛け金の分だけ従業員の給与が圧縮されるので、社会保険料も減額され、人件費の負担を軽減することができます。確定拠出年金は、企業にもメリットがあります。未導入の企業は、導入を検討する価値が大いにあると私は考えています。

また、個人の立場からも、確定拠出年金では、自分の資産がどれだけあって、どう運用されているのかが常にわかるという点は、大きなメリットになります。公的年金の今後を想像するに、自分の老後は自分で面倒を見るという覚悟が必要になってくるでしょう。自分の財産の額と受給権がはっきりしている確定拠出年金は、透明性においても、受給権保護においても、好ましいといえます。

確定拠出年金の仕組み

確定拠出年金には**「企業型」**と**「個人型」**の二つのタイプがあります。

勤め先が確定拠出年金を採用している場合は、問答無用で「企業型」に加入することになります。一方、「個人型」は、前記以外の人のうち、一定の条件を満たした人が加入できる仕組みになっています。これが通称「iDeCo」です。厚生年金に加入していない自営業者や無職の人（国民年金の第1号被保険者）、また厚生年金に加入しているサラリーマンでも、勤務先に追加的な企業年金制度のない人などが、個人型の主な対象者です（二〇二二年一〇月からは企業型DCに加入している会社員でもその規約にかかわらずiDeCoに加入することができるなどの拡充が決まっています）。また、公務員や国民年金の第3号被保険者（いわゆる専業主婦）なども個人型の確定拠出年金を少額ながら利用出来るようになっています。

また、確定拠出年金の特徴の一つに、**「ポータビリティ」といって、転・退職しても年金を持ち歩くことができる仕組み**があります。

勤めていた企業を退職した場合、確定給付年金であれば、年金から脱退しなければなりませんが、確定拠出年金では、継続して運用することができます。それは、掛け金を個人毎の口座で管理していることによります。転職先にも確定拠出年金制度があれば、引き続き掛け金を払い、「加入者」として運用することができます。そうでない場合でも、「個人型」に加入するか、「運用指図者」となれば、追加で掛け金を運用することはできませんが、すでに払い込んだ掛け金の範囲で運用を続けることができる場合があります。

確定拠出年金では、運営管理機関が用意している運用商品のラインナップから、商品を選んで運用します。「運営管理機関」は、企業型確定拠出年金ではその企業が、個人型確定拠出年金では加入者自身が選びます。

そのため、企業型では、企業によって商品ラインナップに大きな違いがあります。確定拠出年金の運用をどうしたらいいのかという相談を受けたとしても、その人が加入している制度と商品ラインナップによって、最適なアドバイスの内容は変わってきます。

実際に、運営管理機関である取引金融機関のいうままに制度を導入した企業では、その金融機関の系列である運用会社が手がける、手数料（信託報酬）の高い商品ばかりが並ぶ「残念」なラインナップになっていることがしばしばあります。その一方で、手数料が安いインデックス・ファンドを中心に揃え、加入者である社員が間違って手数料の高い商品を選んでしまう心配のない、良心的な商品ラインナップの企業もあります。特に、確定拠出年金向けに設計された商品の中に、一般に販売されている商品よりも運用手数料の安いものが用意されている場合があります。こうした商品を用意しているかどうかで、自分の資産運用計画全体が変わる場合もあります。

運営管理機関によってラインナップの差が大きいことや、企業や組織ごとに細かく分かれているために規模が大きいことによる利益を受けにくいということからも、確定拠出年金のあるべき姿としては、企業や組織単位ではなく、全国民一律に提供される「個人型」をベースとするべきだというのが私の個人的意見です。

確定拠出年金に限らず、公的年金は掛け金が所得控除の対象となります。

iDeCoの掛け金の上限

■個人型の確定拠出年金に加入

厚生年金に加入している

……月額2万3000円

（ただし、勤め先に確定給付型、
確定拠出型いずれの企業年金制度もない）

▼

年間27万6000円

厚生年金に加入していない

……月額6万8000円

（自営業者などの個人）

▼

年間81万6000円

確定拠出年金の場合、所得控除の対象となる金額の上限は、他の公的年金の加入状況によって異なります。

勤め先の会社に企業型の確定拠出年金がある人は、利用漏れで税制上のメリットを享受し損ねるケースは少ないでしょう。しかし、勤め先が厚生年金に加入しているだけであり、かつ追加的な企業年金制度を持っていないサラリーマンは、個人型の確定拠出年金＝iDeCoの加入資格があるにもかかわらず、利用していない人が少なくないと思われます。

これは、年間で二七万六〇〇〇円まで、税引き前の給与から積み立てることができるチャンスを逃していることになり、大変もったいない。まして、厚生年金に加入していない自営業者などの個人の場合、年間八一万六〇〇〇円もの所得が控除されるのですから、見逃せません。

さらに、掛け金の所得控除以外にも、確定拠出年金で運用した際の運用益は、全額非課税になります。前述のＮＩＳＡでは、年間一二〇万円の上限がありましたが、確定拠出年金ではこの上限がなく、全運用期間を通して非課税のメリットを受けることができます。

確定拠出年金は、「企業型」「個人型」ともに、原則として六〇歳になるまで受け取ることができません。受け取る際には、年金として受け取る以外に、一時金としてまとめて受け取ったり、一時金と年金とを組み合わせて受け取ることもできます。

一時金として受け取った場合は「退職所得控除」、年金の場合は「公的年金等控除」と、受け取り方によって、税制上の扱いは異なりますが、どちらの場合でも、他の所得や年金と合算したうえで、それぞれ優遇措置を受けることができます。

確定拠出年金についていうと、少なくとも課税される収入のある人は、使わないのは「もったいない！」し、掛け金の大きさを選ぶことができるプランの場合は、**自分が使える上限の金額まで使うことが「得！」である場合が多い**と言えるでしょう。

iDeCoとNISAはどう使い分ける？

■まず、「iDeCo」を最大限に使う

課税される所得があって、かつ五五歳くらいまでの年齢の方であれば、まずはiDeCoの活用を考えましょう（二〇二二年一〇月からは六五歳まで加入できる）。iDeCoの最大のメリットは、掛け金が所得税・住民税の計算から所得控除される点にあります。つまり、税金を引かれる前のお金で老後の資金をつくることができるということです。

一方、年金の制度であるために六〇歳までは使うことができないという制約がありますが、厳しい言い方をすれば、六〇歳まで使えないというのが制約になるようではいけません。一般のサラリーマンとしては老後の備えが不足だということです。iDeCo以外にも貯蓄や資産運用を持てるくらいでなければならないのです。

■投資初心者の「教材」としては「つみたてNISA」

三つの制度のなかでは一番新しいのがつみたてNISAです。投資初心者の方だと、「投資をできるとしてもお金を貯めてからかな」と思いがちなのですが、積立運用でこれから資産を作っていくという過程のなかで投資をすることができるわけです。加えて、二

〇年間の運用のなかで、株を売却するとその枠は復活しません。自然に長期投資、長く持っておきたいと思える制度になっているわけです。さらには、金融庁が、インデックスファンドを中心として、広く分散投資され、かつ手数料の安いものを対象商品として絞り込んでいるので失敗しにくいともいえます。まるで、金融庁が作ってくれた投資教育の教材といってもいいほどで、これから投資を始めたいという人におすすめの制度です。

あるいは、iDeCoの流動性の低さ、六〇歳まで使えないという点が精神的な制約になる場合は、つみたてNISAから始めるというのも良いのではないかと思います。

■まとまった運用資金がある場合は「一般NISA」

一般NISAはiDeCoや、つみたてNISAと違い、年間一二〇万円のまとまった金額を一度に投資できるというのが最大の特徴です。端的に言って、銀行に何百万円かの預金があって、そのなかからリスクをとって運用してもいいなと思えるような方の場合には、一般NISAを使うのが得になると言えるでしょう。ただし、一般NISAで運用する商品をどのように選ぶかはつみたてNISAなどと考え方は同じです。繰り返しになりますが、長期投資に向いた商品は短期でも良いと言えますし、長期投資に向かない商品は短期でも向かないとはっきり言うことができるからです。

税優遇のある個人向けの運用制度の比較

		長所	短所
給与所得のある若者は先ず…!	iDeCo 個人型確定拠出年金	◎◎◎ 所得控除あり △ 運用益非課税 ○ スイッチング可 ○ 低コスト商品	×× 60歳まで換金不可 × 「地雷」商品あり
まとまったお金があれば先ず…!	一般NISA	◎ 年間120万円可 ○ 運用益非課税 ○ 換金可 △ 商品選択肢多い（ETFがOK）	× スイッチング不可 × 非課税期間が5年 × 恒久可不透明
金融庁による投資教育教材	つみたてNISA	◎ 非課税期間20年 ○ 運用益非課税 ○ 換金可 △ 「地雷」少ない	× 年間40万円まで × 積立投資のみ × スイッチング不可

手数料の安いインデックスファンドや、ETFなどの商品が良い選択肢になると思いますが、ETFは銀行では取り扱いがないため、証券会社、なかでも私はネット証券会社をおすすめします。

まとめると、まず得が大きいのがiDeCo、まとまったお金があれば一般NISA、これから投資を覚えたいという人はつみたてNISAというように言えます。いずれも使ったほうが有利な制度なので、使えるものはできるだけ大きく使うという風に考えてください。

資産運用はトータルで考える

NISAも確定拠出年金も、運用全体の一部である

NISAも確定拠出年金も、ともに「節税」の効果がある制度です。両者の使い分けを考えるうえでは、NISAは、一度資産を売却してしまうとその金額だけ非課税枠から外れるのに対し、確定拠出年金は、「スイッチング」と呼ばれる運用対象資産の入れ替えができる、という違いがあります。また、確定拠出年金では、一般向けに売られている商品よりも運用手数料の安い商品が運用選択肢の中に用意されている場合があることも、個人の運用全体を考える上で重要です。

たとえば、リスク資産を、TOPIX連動型ETFと外国株のインデックス・ファンド、個別株にそれぞれ分散して投資しようとした場合を考えてみます。

このとき、NISA口座内、確定拠出年金内で、それぞれの商品を個別に分散投資するようでは、せっかくの節税効果も半減してしまいます。

分散投資は、自分の運用全体の「合計」を考えて行うべきです。この場合、まずは確定拠出年金のラインナップを見て、一般向けよりも運用手数料の安い商品（外国株式に投資する運用商品が多い）があれば、**外国株のインデックス・ファンドは、できるだけ確定拠出年金で運用するようにします。次に、短期売買の可能性が低いTOPIX連動型ETFをNISAの非課税枠を使って運用します。最後に、これらの制度で利用し切れなかった分を、通常の課税口座で運用します。**こうすることで、NISAと確定拠出年金それぞれの長所を最大に活用した、トータルで見て最適な資産運用ができます。途中で、資産配分など運用計画を変更する場合は、通常の課税口座で運用している部分で調整すればよく、NISAでバランス・ファンドを選ぶ必要はなくなります。

最後に、資産運用をトータルで考える習慣をつけてもらうために、例題を二つ用意しました。投資家ごとにリスク資産に回す金額も違えば、その配分も異なります。もっといえば、その人の人的資産の内容や、リスクに対する考え方によっても、違いがあるでしょう。ここでは、比較的多数を占めると思われる投資家のイメージを二パターン考え、それぞれにとって最適なポートフォリオを紹介しています。

【例題1】中堅サラリーマンAさん

Q **中堅サラリーマンAさんは、金融資産として合計一六〇〇万円あり、リスク資産の計画比率を五〇％で考えています。証券会社にNISA口座を開設しました（現在NISAでの運用資産なし）。また、勤め先の確定拠出年金が五〇〇万円分あります。どんな運用をすればいいでしょうか。**

A **次のような考え方で、ポートフォリオを組むとよいでしょう。**

まず、金融資産の五〇％を占める「無リスク資産」では、「預金、個人向け国債等」を運用します（3限目参照）。

リスク資産に投資する八〇〇万円のうち、国内株のインデックス・ファンドと外国株のインデックス・ファンドに四〇〇万円ずつ投資すると、バランスのよい分散投資ができるでしょう。

次に、それぞれの商品をどこで運用するか「割り当て」を考えます。

NISAでは、国内株のインデックス・ファンドのうち、TOPIX連動型ETFを一二〇万円の上限まで使って運用します。次に、確定拠出年金のラインナップから、一般の

例題1：中堅サラリーマンAさんの場合

［Aさんのポートフォリオ］

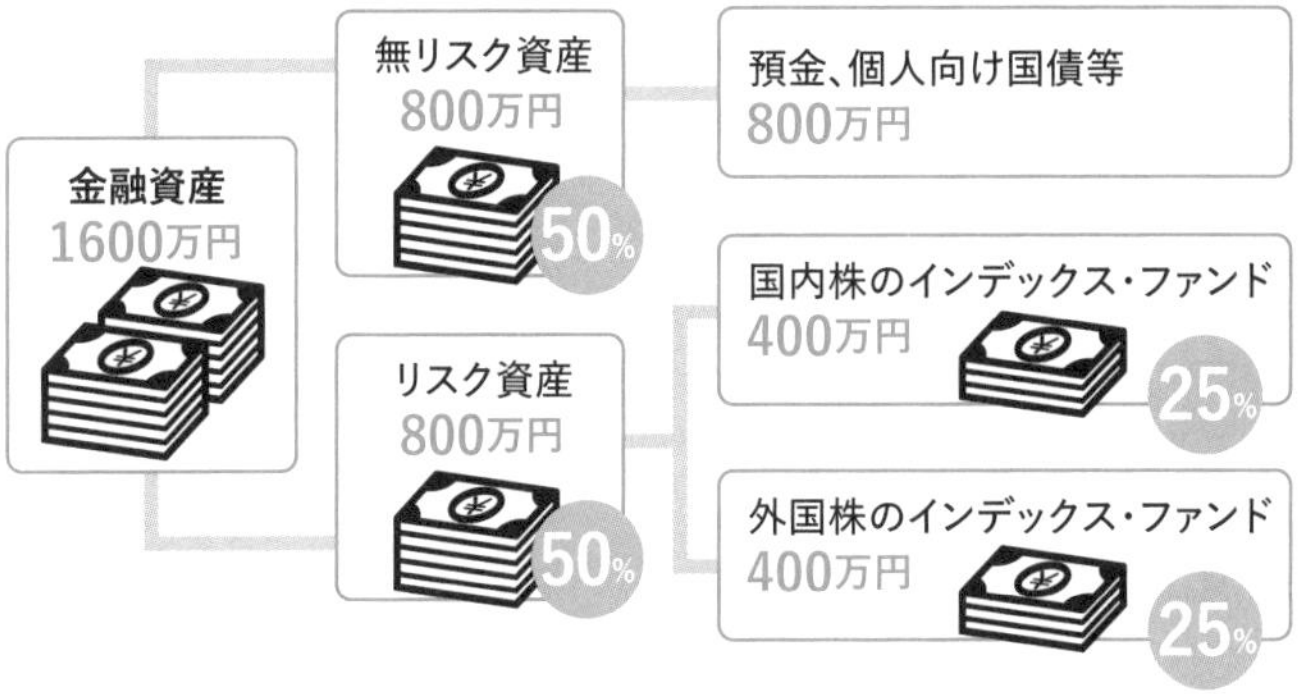

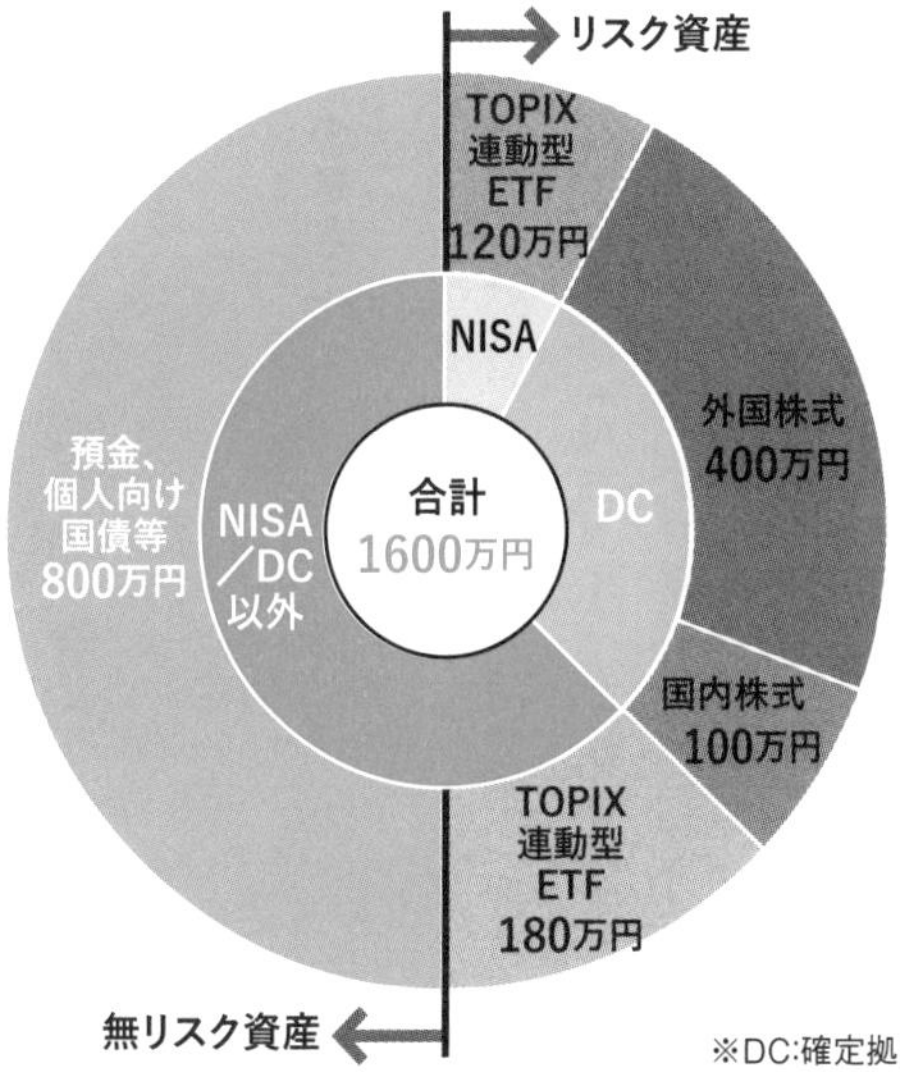

※DC:確定拠出年金

リテール向けよりも運用手数料の安い外国株のインデックス・ファンドを選び、四〇〇万円全額を確定拠出年金で運用します。残り一〇〇万円分は、国内株のインデックス・ファンドを運用するとよいでしょう。この時点で、国内株のインデックス・ファンド二〇〇万円分が残りました。これを、NISAと確定拠出年金以外の、通常の課金口座で運用します。この場合も、TOPIX連動型ETFで運用するとよいでしょう。

【例題3】金融資産の少ない、社会人3年目のBさん

Q Bさんは、貯蓄を始めてから日が浅いため、金融資産は二〇〇万円です。Aさんと同じく、証券会社にNISA口座を開設しました（現在NISAでの運用資産なし）。また、個人型の確定拠出年金が六〇万円分あります。健康で、安定した収入があり、リスク資産の比率は高くてもよいと考えています。Bさんは、どんな運用をすればいいでしょうか。

A Bさんの場合、NISAと確定拠出年金を合わせた最大一六〇万円をリスク資産で運用することで、両制度のメリットを最大限に活用することができます。残りの四〇万円は銀行預金などの無リスク資産で運用するとよいでしょう。また、リ

スク資産の内訳については、Aさんと同様に国内外のインデックス・ファンドに半分ずつ投資します。

リスク資産の運用について、考え方はAさんと基本的に同じです。国内株のインデックス・ファンドは、TOPIX連動型ETFで八〇万円全額をNISAで運用します。NISAで残った二〇万円分の非課税枠と、確定拠出年金の六〇万円で、外国株のインデックス・ファンドを購入します。

もう一つ、資産配分を考える際に、生命保険、医療保険等は不要です。その理由については5限目で詳しく説明しましたので繰り返しませんが、不要な「買い物」をしないことで、二〇〇万円の金融資産を最大限、有効に働かせることができます。

いかがでしょうか。「資産運用」についての話は、6限目から9限目までですが、その折々で、1限目から5限目までの内容が、繰り返し出てきたことにお気づきかと思います。どの章も、「お金」との付き合い方についての話ですから、これは当然です。稼ぎ方だけ知っていても、貯め方を知らなければ将来お金が不足しかねませんし、**正しい運用の仕方、さらにはお金の使い方を知らなければ、誰かの「カモ」になる危険があります。**そ

例題2：社会人3年目のBさんの場合

［Bさんのポートフォリオ］

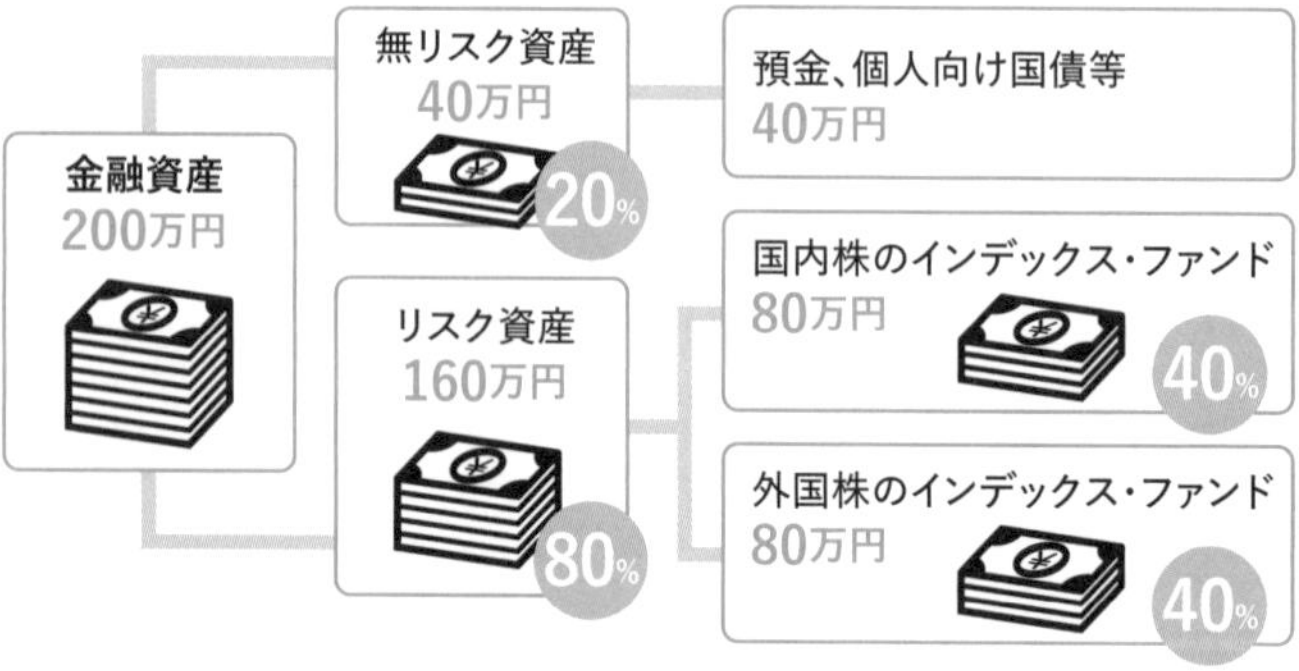

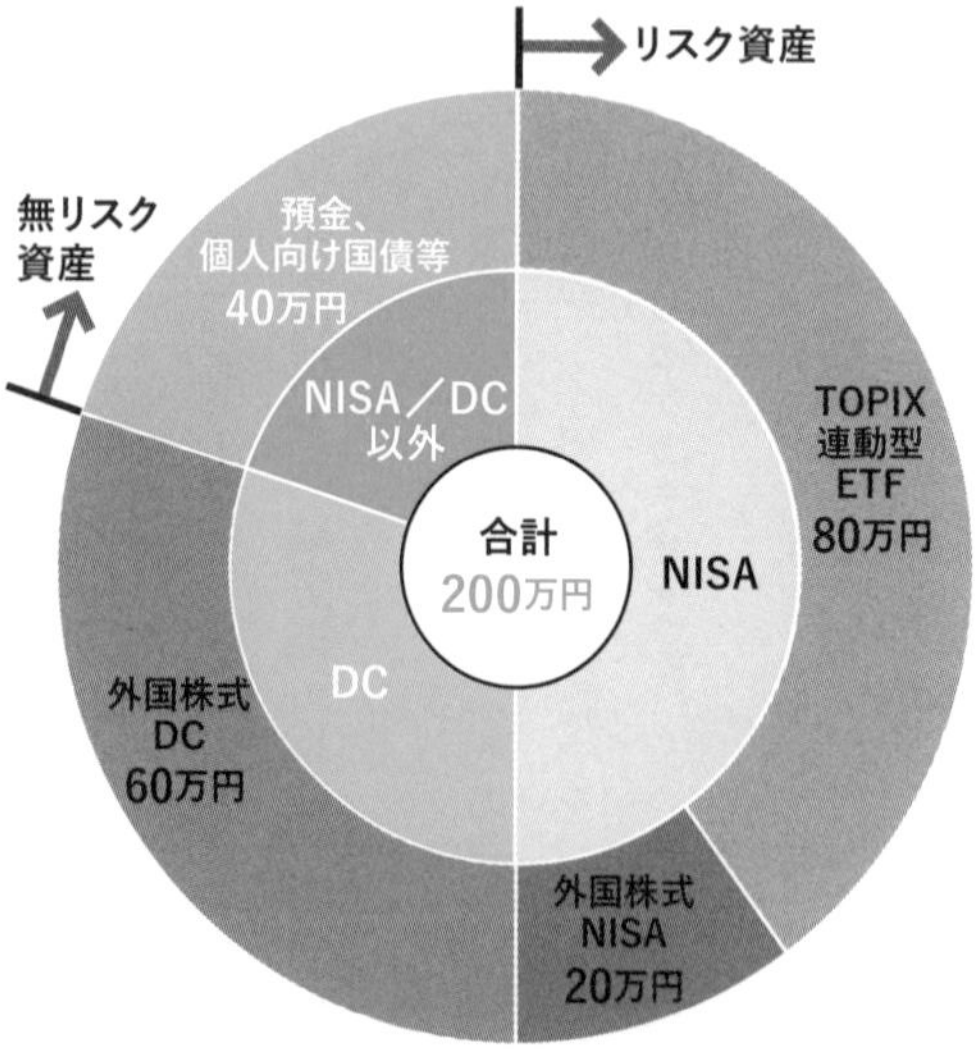

れでは不愉快でしょうし、人生を気分よく楽しむことができないでしょう。読者の皆さんには、資産運用と同じように「お金」との付き合い方も、稼ぐ、貯める、増やす、使う、全てにおいてトータルで考えられるようになってほしいと、心から願っています。

「コロナショック」に慌てないために知っておくこと

今回のコロナ禍は、二〇二〇年三月に「コロナショック」とも呼ばれる急激な株価の下落を引き起こし、そしてその後、コロナ対策の金融・財政政策による「カネ余り」を背景に内外の株価が上昇するような、急激な変動を資本市場にもたらしました。

このような「有事」に不安を覚える方も多いと思いますが、どのような資産運用の方針をもっておくべきでしょうか?

結論を先に述べてしまうと、**「資産運用の方針は、コロナで変える必要はない」**です。

株価にとって緊急事態宣言のような状況は、経済活動を停滞させる意味で「売り材料」である一方、株高方向に影響する金融・財政政策の継続をコロナ禍の継続が示唆するため同時に「買い材料」でもあります。それぞれがどの程度影響するかの評価は専門家でも難しいし、今後どうなるかを予測することはさらに難しい。ひとつ言えるとすれば「現在の株価をはじめとする資産価格には、現在利用可能な情報がすでに反映されていて、その資産価格の形成にはリスクを負担する上で投資家が要求する追加的なリターンが含まれているはずだ」と考えられるということです。

あえて加えるなら、コロナは個人の生活と経済に対して日頃と異なる大きさや性質のリスクをもたらしているので、その点への備えは考えておくべきでしょう。コロナ情勢の変化は、読者ご自身やご家族の感染、読者が勤務する会社の業績の大幅悪化、読者ご自身の解雇や減収といったリスクをはらんでいるということです。こうしたリスクに対処できるようにするためには、**資産の「流動性」、つまり「換金性」に留意する**ことです。

急にお金が必要になったとき、あるいは収入が絶たれたときに、生活を支えるお金を資産から捻出しなければならず、手持ちの資産はどのような条件でなら換金できるだろうかということです。

たとえば、投資用の不動産が主な保有資産で、住宅ローンの残高が大きいというようなケースだと、住宅の換金には時間とコストが掛かってしまいます。また、外貨建てや変額保険も含めて、生命保険はそもそも資産運用に不向きだし、解約の手間とコストが重荷になりやすく、繰り返しにもなりますが、これらでの資産運用は「ウィズコロナ時代でも不向き」と言えるでしょう。

もちろん、銀行の預金や個人向け国債などは換金性が高いのですが、これらは収益率があまり期待できません。一方、上場株式や投資信託が主な保有リスク資産なら、数日で、かつ低コストで部分的にも換金できるので、お金が必要な事態に対応しやすいとも言えます。

また、資産の運用という点とは少々離れますが、「働き方」についても触れておきます。コロナによって、多くの方には「浮いた時間」が生まれたはずです。テレワークをはじめ、通勤に要する時間や、あるいは社内外の飲み会的な人付き合いの時間の減少など、新たな時間が生まれたことで、その**時間をどのように「投資」するかが重要になってくる**ということです。

節約した時間を何らかの自己研鑽のために使うか、あるいは働きすぎていた方なら休息にあてて勤務時間の能率を上げる、前にも述べた副業を始めてみるなど、使い方は様々であれ、「自己管理の戦略」が将来を左右すると言えるでしょう。

コロナを機に**自己管理の技術を向上させることが、「アフターコロナ」時代の備えとしても有効**であると言えそうです。

10
限目

経済の
変動パターンと
お金の運用

お金の価値はどのようにして生まれる？

一般に、「お金」あるいは「金融」というと、お金が社会的にどう循環していて、日本銀行のような中央銀行がどのように機能しているのか、といった説明が図解付きで説明されることが多いように思います。高校の「政治経済」の教科書に、そのような説明があったことを思い出される方が多いのではないでしょうか。

この種の知識の詳しい説明としては、日本銀行のホームページ内にある「教えて！にちぎん」などのページをご参照ください。

もちろん、それは大切な知識を含むのですが、正直に言って、「心に響かない」と感じる方が多いのではないでしょうか。お金が循環して社会の役に立っていることは結構なことだと理解できるとしても、何となくよそ行きで、建前の説明に付き合わされているような感じがします。

本章では、個人がお金の扱い方を考える際に重要になるポイントに絞ってご説明しましょう。

まず、**「お金」は、「人々が支払いの手段として受け取ってくれるもの」**です。紙幣や硬貨は、これを受け取ってくれる人がいるから価値があるのであって、それ自体に金額相当の価値があるわけではありません。

お金が「金（きん）」との交換を保証されていた金本位制の時代がかつてありましたが、現代の先進国のお金は、金などの実物資産との関連づけがない不換紙幣です。また、金と交換できたとしても、それがお金としての意味を持つのは、金を多くの人が支払い手段として認めてくれるからです。

お金としての本質を考えると、日本円や米ドルの紙幣と、近年話題になることが多い、ネット空間上の人工通貨であるビットコインとの間に本質的な違いはありません。価値を認めて受け取ってくれる人の多いものが、より有効なお金です。

ちなみに、ビットコインあるいは同様のいわゆる暗号資産は、送金コストがゼロに近い点で強力なメリットを持っているので、近い将来、通貨つまり「お金」として扱われるようになる可能性は十分あると私は考えています。

また、現在、企業間をはじめとする商取引の支払いの多くは、預金残高の一部をお金の支払者の預金口座から受取人の預金口座に振り替えることで行われており、「預金」（の残高）もお金と考えることができます。

この場合、お金の物理的な実体は、1限目でも申し上げたように、銀行で管理されている「データ」です。

現在の日本円の紙幣は、物理的には国立印刷局で印刷されていますが、発行者は日本銀行で、民間銀行が日本銀行に持っている当座預金から現金を引き出すことによって、世間に出回る仕組みになっています。

先ほど、預金も「お金」だと述べましたが、預金は、銀行が貸し出しを行うことによって増加します。

たとえば、銀行Xが預金者Aから預かった資金と同額の資金を、取引先Bに貸し付ける場合、通常は銀行XにあるBの預金口座に資金を振り込みますが、これが行われた直後には預金の額は、Aの預金だけだった時の二倍に膨らみます。これは、預金が同時に多額に引き出されることがないから可能なことですが、このように貸し出しを通じてお金の総量がふえることを**「信用創造」**と呼びます。

世の中に出回っているお金の増減の趨勢《すうせい》を見る上では、銀行貸し出しの残高の変化率が参考になります。これ自体がニュースになることの少ない地味な経済統計ですが、**「銀行**

「銀行貸出残高」（対前年比伸び率）は注目！

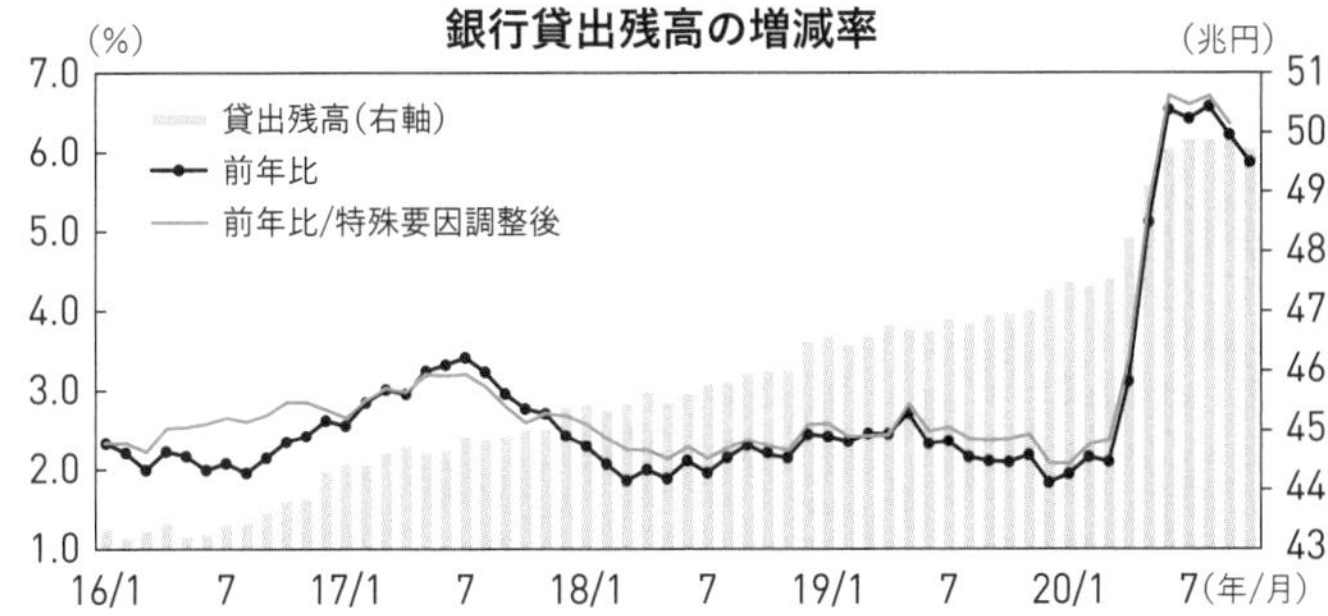

（注）特殊要因調整後は、為替変動・債権償却・流動化等の影響を考慮したもの
特殊要因調整後の前年比＝（今月の調整後貸出残高－前年同月の調整前貸出残高）／前年同月の調整前貸出残高

資料：日本銀行

貸出残高」（対前年比伸び率）は注目して見るに値します。

さて、お金に価値があるのは、人が支払い手段として受け入れてくれるからですが、人々がお金を有り余るほどたくさん持っているなら、お金は貴重なものとして受け取って貰えないでしょう。

お金の価値が保たれるためには、世の中に出回っているお金、つまり現金（紙幣と硬貨）と預金の量が上手く管理されていることが重要です。また、お金のふえ具合は、将来のお金の価値に影響します。

ちなみに、コロナ禍で大量の資金が供給されて、二〇二〇年は過去最高の水準となりました。

金融政策の何を見たらいい？

さて、以下四ページほど、日本銀行による金融政策を大まかに説明しますが、少々煩雑なので、「日銀が資金を吸収したり、放出したりして、金利を上下させている」というイメージを持てたらいい、という意識で読み流してください。

まず、日本のお金は、日本銀行が国債等の証券を買うことによって生み出されるのが、主要なルートです。お金の主な裏付けは日本の国債です。

国が国債を発行し、民間の金融機関その他の投資家がこの国債を買い、これを日銀が買うと、日銀は民間銀行の日銀当座預金の残高をふやす形で支払いを行います。民間の銀行がこれを現金で引き出すと、銀行に日銀券が渡り、市井の預金者が引き出すと預金者がお札を手にする、という経路でお金は我々の手元にやってきます。

日本銀行と民間の銀行の間のお金の行き来の主な出入り口は、日銀当座預金ですが、民間の銀行は、自行が受け入れている預金残高の一定比率を日銀の当座預金の残高（月間の平均残高）として預け入れる必要があります。これを**準備預金制度**といいます。

ところで、日銀の当座預金には、通常、利息がつきません。世の中の金利がそこそこにプラスの状態にある時には、民間銀行は、日銀の当座預金には必要以上のお金を置きたくありません。自行が預金等を通じて保有する資金を、貸し出しや有価証券運用、あるいは金融機関同士が資金をやり取りする市場であるコール市場など、プラスの利回りが期待できる先に振り向けたいと考えるのが当然です。

そこで、たとえば日銀が保有する国債等を売って民間の銀行から資金を吸収すると、民間の銀行は、日銀当座預金の必要残高を満たすために、貸し出しを回収するなどの方法で資金を作らなければなりません。この場合、日銀が資金を吸収すると、銀行の貸し出しが減って信用創造が縮小する方向に働くので、世間に流通するお金が減る方向に作用します。

この場合、世間のお金に対する需要が以前と変わらなければ、お金がより稀少になるので、金利が上がることになります。

そして、**金利の上昇は、お金を借りてビジネスを行う条件を悪くするので、借金の需要が減って、景気に対してはブレーキを掛ける方向に働きます。**

また、株価は企業の将来の利益の割引現在価値でした。金利の上昇は、それを打ち消すだけの将来の利益成長の向上が期待できるのでなければ、株価の下落要因になります。

一般に、日本の日銀や、米国だとＦＲＢ（米連邦準備制度理事会）のような中央銀行が資金を吸収し金利を上げるような政策を**「金融引き締め」**と呼びます。

逆に、日銀が民間銀行から国債等を買って資金を放出する行動を**「金融緩和」**と呼びます。金融緩和が行われると、民間の銀行が追加された資金を貸し出しに回そうとするので、金利は低下し、世間に出回るお金の量がふえて、経済活動が拡大し、ひいては物価が上昇する、という方向に作用します。

金融緩和が行われて、世間に出回るお金の総量がふえると、傾向として物価が上がる方向に作用します。逆に、物価上昇を抑えようとする時に行われる政策は金融引き締めです。

さて、金融調節のプロセスまでまとめて考えると頭が混乱しそうになりますが、通常、日銀やＦＲＢの金融政策は、金融機関が資金をやり取りする市場（日本ではコール市場）の短期金利（資金を一日借りる金利を年率で表したもの）を誘導目標としていて、この目標金利を**「政策金利」**と呼びます。通常は、**中央銀行の金融の引き締め・緩和は、政策金利の動向を見ていると方向性が分かる**、というのが、「平時の常識」です。

ところが、ここ十数年間の日本のように、短期金利がゼロになってしまうと、民間銀行は日銀の当座預金にお金を置いておくことが損ではなくなるなど、「平時」とは異なる状況に直面します。

こうした状況になって、さらに物価が下落する過去十数年の日本経済のような状況では、中央銀行は、物価上昇率が一定レベルに達するまで金融緩和政策を続けると約束（いわゆる「インフレ目標」です）して、現実に資金供給の規模を拡大してこれを裏書きし、経済の参加者が将来予想する物価と、物価変動を差し引いた実質的な金利（予想物価上昇率がマイナスだと、金利が〇％でも、「実質金利」はプラスになります）に影響を与えることで、景気や物価にプラスの影響を与えようとします。

将来の金利や物価を予測するためには、中央銀行の金融政策が、現在、緩和に向かっているのか、引き締めに向かっているのか、という「方向感」と、経済の状況に対して、それが十分なのか、という「程度の問題」とを両方評価しなければなりませんが、大まかには、短期金利（コール市場の金利）と長期金利（一〇年国債の流通利回り）それぞれの「実質金利」（物価変動率を引いた金利）が上昇しているか（→金融引き締め）、下落しているか（→金融緩和）を見るといいでしょう。

「バブル」はどうして起こるの？

金融政策と「バブル」の関係

さて、今日、先進国の景気や物価に対する経済政策の中心は金融政策です。基本的には、**景気が悪くなると金融緩和が行われて、景気が良くなりインフレ率（物価上昇率）が高くなりすぎると金融引き締めが行われる**、という繰り返しなのですが、株式や不動産のような資産の価格は、金融政策環境の強い影響を受けています。

株価や不動産価格などの資産価格が、長期的には維持できないほど高くなる現象は、しばしば「バブル」と呼ばれます。現代の先進国経済は、過去三〇年くらいを見ると明らかですが、バブルが起きて、金融引き締め政策の下にバブルが崩壊し、不良債権問題と不景気とが起こり、金融緩和政策を背景に景気が回復し、再びバブルに向かう、といったパターンの繰り返しになっています。

筆者は、現代の経済の仕組みでは、バブルの発生を完全に防ぐことは難しいと思っています。世の中はバブルに向かっているのか、それとも、バブル崩壊に向かっているのか、という視点で経済と金融の環境を見ることが極めて有効です。

以下、バブルについて説明してみたいと思います。

借金で投資するからバブルが起こる

バブルはなぜ起こるのでしょうか。一言でいうなら、「**借金で投資するからバブルが起こる**」ということです。

一人の人を考えてみるとして、自分が持っているお金だけで投資するよりも、借金をして投資する方が、多額な投資ができて、対象が株式だとしても不動産だとしても、より高値まで買えることが明らかです。

ただし、投資して株式や不動産を持っている状態を考えると、借金による投資は、もともとが返済しなければならないお金による投資なので、自己資金による投資よりも不安定であることは否めません。

経済全体として借金がふえて何らかの投資に向かう時、その対象となった資産の価格がバブルの域に達して、これが反転する時には、借金が巻き戻り、資産価格の下落に拍車が掛かります。また、株式や不動産のような借金の担保になっていた資産の価格が大幅に下落するので、借り手が返済能力を失うのと共に貸し手側の金融機関では不良債権を抱えることになります。いわゆる不良債権問題ですが、これがバブルの後遺症の正体です。

金融機関が多額の不良債権を抱えると、新たな貸し出しができにくくなります。それだけでなく、既存の貸し出しを回収しようとすることもあります。経済全体として、今度は借金の縮小が起こり、同時に経済活動が停滞します。先ほど説明した「信用創造」が逆回りするので、中央銀行が金融緩和政策を大胆に行わないと、世の中に出回るお金が減る場合もあります。

借金の返済が不可能になることは、何といっても貸し手にとって大問題です。将来困る可能性があるような借金を金融機関が許さなければいいのですが、担保となる資産の価格が上昇すると、貸し出しの余力がふえてビジネス・チャンスが拡がりますし、特に個々の金融マンにとっては、会社の将来よりも、当面の自分の成績やボーナスの方が切実な問題です。日本でも、外国でも、**金融機関の行動を完全に制御できないことが、バブル発生の（ひいてはバブル崩壊と不良債権問題の）根本的な原因**です。

一九八〇年代後半に起こった日本のバブルは、全く典型的なバブルでした。日本の多くの民間銀行が、競うように不動産開発に融資しました。また、事業会社の株式運用に多額の融資をした銀行もありました。当時、財務の技術（テクノロジー）で稼ぐことを標榜した「財テク」という言葉ができましたが、資金を借り入れて株式等に投資する財テク運用を何兆円も行った事業会社が幾つもありました。

二〇〇八年九月のリーマン・ショックで危機が加速し世界的な「金融危機」の引き金を引いた、米国の不動産のバブルの形成期にあっても、不動産向けのローンを次から次へと拡大する現象が起こりました。

一般に、バブルが起こるには、**①借金が容易であるために中央銀行の金融政策が緩和的であること**と、**②貸し手・借り手双方から見て借金のリスクが小さく見える何らかの「仕掛け」**が必要です。

後者に関しては、一九八〇年代の日本のバブルの場合は、日本の土地は値下がりしないという「土地神話」があり、株式の世界では財テクを可能にする仕組みの登場や、この財テク運用をビジネスとして受託する側（証券会社系の投資顧問会社や信託銀行）が暗黙のうちに運用利回りを保証する、当時「握り」と呼ばれた取引慣行（注：当時も今も違法です）などが、重要な役割を果たしました。

米国の不動産バブルでは、住宅ローンの債権を組み合わせてリスクを低減したという触れ込みで「証券化」と金融テクノロジーがこの役割を果たしました。

その時々に、「借金をしてでも投資したい対象」がどのようなストーリーや仕組みを伴って登場するかによって、バブルの色彩が変わります。

ビジネスマンにとってのバブル

経済政策を考える立場では、バブルは起こさない方がいい。しかし、ビジネスマンとして考えるなら、せっかく金融が緩和されていて借金を行う実質的なコストが安い時なのだから、後にはバブルに繋がるくらいのビジネスを考えて、実践しようと意気込むくらいが丁度いいとも思います（ちょっと、言い過ぎかもしれませんが）。

また、いったんバブルが起こると、資産価格の高騰が、普段なら生じない消費や投資を誘発します、バブルの対象となった市場に関連するビジネス以外の業種にも波及効果が及びます。たとえば、株価が上昇すると、証券会社以外にも、高額な商品を扱う小売業者や飲食店などが追い風を受ける、といった具合です。ビジネスマンとして、「そこにあるチャンス」を逃すのは、まことにもったいない。新たなバブルの先頭を切ることは難しくても、起きたバブルの波及効果に早めに乗ろうというくらいの気構えはある方がいいでしょう。

バブルの雰囲気を伝えるエピソードを一つご紹介します。

一九八〇年代後半のバブルの真最中に、私は、ある国内の信託銀行に勤めていましたが、この会社では、毎半期に選ばれた数十人の二〇代の若手社員に向けて「社外交流費」という制度を作りました。これは、半期に、一人二五万円までの交際費枠を与えるというもので、若手社員も社外のいろいろな人と交流を深めなさい、という何とも鷹揚《おうよう》な制度でした。今であれば、交際費は、経費節減のために減らせと言われることはあるとしても、若手に積極的に交際費を使えと会社が奨励する仕組みができるとは、何とも珍しい話です。当時、若手社員だった私は抽選で選ばれてこのお金を有り難く使わせて貰いましたが、一方で、こんな制度ができるとは「何かおかしいなあ」と感じていました。

当時、企業はどこも潤沢に交際費を使っていたので、飲食業界は潤いましたが、この時の需要に合わせて業容を拡大した飲食業者は後で大いに苦労することになりました。ちなみに、一世を風靡したクラブ「ジュリアナ東京」が開店したのは、この社外交流費制度発足の三年後で、株価が下がり始めてから一年半経った一九九一年五月のことでした。経済は、いったん勢いがつくと、しばしば惰性が働きます。

バブルの最盛期に、若手のサラリーマンは、クリスマスに恋人と高価なシティ・ホテルのレストランでデートするのが当たり前という感覚でした。多くの人が、勤めている企業の成長が続くように感じていましたし、給料は将来上がるのが当たり前だと感じていたので、みな気が大きくなっていたのです。加えて、クレジットカードのような個人に借金をさせる仕組みの発達がこれを後押ししました。

今後、全く同様のバブルがやって来るとも思えませんが、形を変えてバブルがやってくる可能性は大いにあります。大規模な金融緩和政策を中核とする「アベノミクス」から今回のコロナ禍でますます金融緩和が続いており、議論はあれど「バブルっぽい」経済状況が生じている可能性は大いにあります。

ビジネスを考える上では、バブルの性質上、ブームには早めに乗っていく方が、周りの成功を確認してから後追いするよりもむしろ安全だということを覚えておきたいところです。

バブルの注意は「借金」！

経済が「バブルっぽく」なった場合に、普通の市民が注意すべきことは何でしょうか。

一つだけ挙げるなら、**「バブルの盛りに借金しないこと」**に尽きます。

バブルなので、投資にはチャンスが多い環境なのですが、借金をしてまで株式に投資する、あるいは借金をして不動産を買う、といった行動は、バブルの崩壊に遭遇した時に経済的致命傷になりかねません。

投資は、自己資金で行う分には失敗しても何とかなりますが、借金をして効率よく儲けよう、あるいは早く大きな家を買おう、といった**「借金で効率を買おう」とするような行動に走った場合には、経済的な破たんのリスクを抱え込む**ことがあります。

前回の日本のバブルでは、返済能力の限界に近い住宅ローンを負って家を買って、その後に経済的に苦労した人が多かったことが特徴的でした。

また、バブルの崩壊は不況を招きます。あてにしていた収入が得られなくなるケースが多発しますし、それでも、借金は減額されません。一生涯の経済的自由の相当部分を、バブル期の不動産購入で犠牲にした人が多数いました。

現状が、バブル的な状況に移行するか否かを判断する上では、まずは、為替レートの動きに注目するといいでしょう。アベノミクスの中核は**「インフレ目標＋金融緩和政策」**だと要約できますが、この政策の具体的な効果は、特に初期の段階では、円安の進行に大きく依存しています。政策自体に円安をもたらす効果がありますが、為替レートは日本の事情だけでは決まりません。

円安が進むようであれば、景気の回復、資産価格の上昇、インフレ率の上昇、といった効果が徐々にもたらされるでしょうし、その過程で何らかのバブルが発生する可能性は十分あるように思えます。

一方、少し気の早い話ですが、**政策の効果が十分に出てきた場合、次に注目しておくべきは「長期金利」です**。将来、景気が回復して物価が徐々に上昇してくると、長期金利も上昇に転ずる局面が来ることが予想されます。

長期金利が上昇すると、設備投資や住宅ローンの金利も上昇しますし、銀行が大量に抱えている国債の価格が下落します（債券の利回りの上昇は、価格の下落でした）。こうした状況になると、日本の金融緩和政策にも転機が訪れる可能性が大きいでしょう。長期金利が二％をうかがうような水準まで来たときには、政策の方向性が大きく変わる可能性があると気をつけておきましょう。

株価、為替レートに加えて、長期金利は毎日見ておくようにしたいものです。

「山崎式経済時計」で運用対象を見極める

経済循環と運用を時計で考える

さて、最後に、経済は、バブルの生成と崩壊を繰り返すように循環するというイメージを「時計」の針の循環にたとえて説明し、お金の運用にあっては、それぞれの時間帯（経済の局面）で、どのような対象に「お金を置く」のがいいのかをご説明したいと思います。時計の図は「**山崎式経済時計**」と名付けることにします。

もちろん、環境によって、お金をふやすことがやりやすい時期とそうでない時期の差がありますが、「相対的に何がいいか」という比較は常に可能です。

それぞれの時間帯にあって、第一選択肢と第二選択肢をあげてみます。

早速、山崎式経済時計を見てみてください。

縦軸の高さは株価などの資産価格の割高・割安を表します。一一時と一時を結ぶ高さより上は「バブル」、五時と七時を結ぶ高さより下は資産価格が下がりすぎている状態で、仮に「ボトム」と名付けます。

物価は九時と三時を結ぶ線より上では上昇率が高く（インフレ的傾向）、これより下では上昇率が低い、ないしはマイナス（デフレ的傾向）だと考えてください。

時計の針は、クォーツのように一定・正確に動くのではなく、**上から下へは回転速度が速く、下から上に向かう、つまり景気が回復し、好景気（ブーム）に向かう時は緩やかな傾向があります**。

時計の主な動力は、先にご説明した金融政策で、金融引き締めでバブルが崩壊し、バブルが崩壊して不良債権問題と不況が起こる局面では金融緩和が行われて徐々に経済が回復するというのが、基本パターンです。

ちなみに、過去十数年の「アベノミクス」以前の時代の日本経済は、一九九〇年代に起こったバブル崩壊に対応する金融緩和が不十分でデフレを脱することができませんでした。福井俊彦氏が日銀総裁だった二〇〇五年頃には九時くらいまで達した感じでしたが、翌二〇〇六年に早々に金融緩和の縮小とゼロ金利政策の解除（政策金利の誘導目標を〇%よりも引き上げた）といった金融引き締め方向の政策に転じたことや、翌二〇〇七年に大き

山崎式経済時計

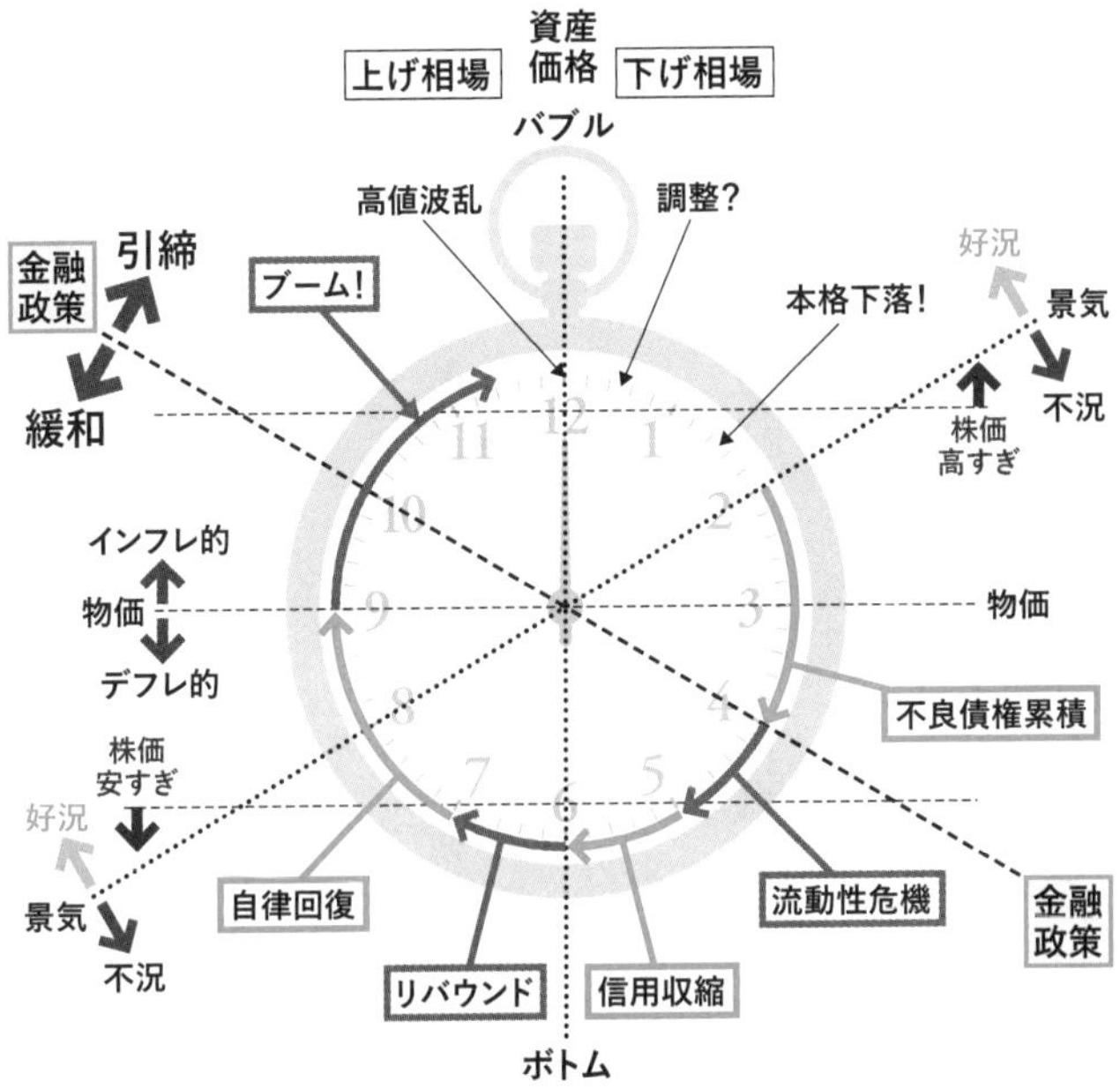

時間帯別に適切な「お金の置き場」

時間帯	第一選択肢	第二選択肢
12時～2時	現金	国債
2時～4時	国債	現金
4時～5時	現金	国債
5時～6時	国債	現金
6時～7時	株式	ハイイールド債
7時～8時	ハイイールド債	株式
8時～11時	株式	不動産
11時～12時	不動産	株式

な問題として表面化し最終的に「金融危機」に至る海外の経済環境の悪化の影響などで、一〇時の方向に針が回りきることができませんでした。

では、時間帯別に、どのような対象でお金を運用したらいいのかについて、見ていきましょう。

一二時〜二時（バブル崩壊初期）

バブル崩壊の初期は、**第一選択肢が「現金」**、**第二選択肢は「国債」**でしょう。

この場合、国債とは、基本的に長期国債を指しますが、信用リスクが不安視されるような国の国債ではなく、日本国債、米国債、独国債のような信用度が高くて流動性が大きな国債がいいでしょう。

自国以外の国債を買う場合は、為替リスクに対するヘッジの必要性を判断して買ってください（通常はヘッジして買う方がいい）。

「現金」と「国債」の選択は迷うところですが、一つにはバブル崩壊の初期は、現実的には、バブルが崩壊しているのかの判断がつきにくいのが普通です。バブルの余熱が残っていて、インフレ率が高く、金融引き締め中であることが多く、まだ長期金利が上昇する可能性があります。この場合、長期債の金利低下に賭けるのは危険な面があります。

バブル崩壊が本格化して加速度がつく段階（二時に近づく時間帯）では、流動性・換金性が重要です。運用の世界には**「キャッシュ・イズ・キング」**という言葉があり、株式や不動産などは「高値であることが最大の悪材料だ」という状況になるので、現金に近いものが安心です。個人の場合、具体的には普通預金ですが、個人向け国債の一〇年満期・変動金利型のものは、長期金利が上昇しても元本割れしないので、この局面でも無難なお金の置き場です。

経済が混乱すると、信用度の高い国債や通貨には「質への逃避」が起こることがしばしばあります。利回りが高い時を見計らって、長期国債に投資して値上がり益を狙う戦略も十分ありです。

二時〜四時（不良債権累積期）

バブルが崩壊して資産価格が下落すると、金融機関の債権が劣化します。不動産など融資の担保となっている物の価値が下落してローン価値の毀損が起こり、累積するのがこの時間帯です。

株価や不動産価格の下落は「逆資産効果」をもたらし、実物経済の消費や投資を縮小させます。株価が下がると、お金持ちも支出が渋くなります。

この時期の資産運用の王様は「**長期国債**」です。金利が下落し、価格が上昇することが期待できます。

現金から長期国債に上手く切り替えるタイミングを摑むことができれば、大きなキャピタル・ゲインを得ることができるでしょう。短期的な儲けを狙うのでなくとも、長期国債、あるいは期間の長い定期預金に、金利がまだ高い時にお金を移すことができると、その後、有利な金利が享受できます。

四時〜五時（流動性危機）

不良債権が累積すると、金融機関の間でお互いのバランスシートに対する相互不信が生まれ、金融取引が滞る状態が起こります。

たとえば、日本のバブル崩壊の後は日本の銀行が、現在の欧州情勢にあっては欧州の銀行が金融市場で資金を調達する時の金利に上乗せを求められる事態が発生しました。

この時期の金融の世界の主な関心事は「流動性」になります。また、国の財政状況によっては国債が売られる懸念が生じる場合があるので、この時間帯では「**現金**」**を第一選択肢**としました。**個人の場合は、安全な銀行の普通預金**がこれに該当します（さすがに、タンス預金は危険なのでお勧めしません）。

大手金融機関の倒産が起こると、経済が一時的にショック状態に陥る場合もあるでしょう。もちろん、流動性と信用度に問題のない**国債**（**長期債**）も有力な運用対象候補です。

五時〜六時（信用収縮期）

流動性危機を中央銀行の金融緩和で凌《しの》いでも、貸手・借手双方のバランスシート、特に金融機関のバランスシートが修復されて、資本が十分に手当てされないと、信用（＝与信、貸出）が拡大に向かわず、「貸し渋り」による不況が続くのがこの時間帯です。

流動性に緊急の問題はなく、民間に資金需要が乏しいので、資金は安全資産としての国債に向かいやすい状況になります。長期金利は意外な低金利が定着する可能性がありま す。この時期は**「国債」**、**「現金」**の順でしょう。

時計の右側、つまり一二時と六時を結ぶ線の右側では、大まかには、「国債」と「現金」の時代だといえます。

六時〜七時（リバウンド期）

景気が後退し、信用が収縮する過程では、資産が過剰に売られやすくなります。たとえば、株価はすでに割安になっていても、投資信託などのファンドに解約請求があればファンドマネジャーは、株価の判断に関係なく株式を売却しなければなりません。ボトムからの回復の第一歩は、金融緩和を背景に、売られすぎた資産価格がリバウンド的に底離れすることから始まります。

この時期に、流動性があって反応が早くリバウンドを大きく取りやすいのは**「株式」**でしょう。加えて長期国債の金利低下は一巡しているはずですが、危機から時間的な距離ができることで、信用リスクのある債券は倒産リスクが遠のくので、信用リスクに見合った上乗せ利回りであるスプレッドが縮小する可能性に注目されて買われる場合があります。**「ハイイールド債」**とは信用リスクにより利回りにプレミアムがあって利回りが高くなっている債券のことです。本書では、個人投資家の投資対象としてハイイールド債を勧めていませんが、プロの運用対象として注目できるという意味で図に加えておきました。

七時〜八時(自律回復初期)

前記のような理由で、信用リスクの分だけ利回りにプレミアムが乗った債券は投資妙味があります。リバウンドの初期の足の速さでは株式に一歩譲りますが、景気の回復に伴って信用リスクが縮小する時期は、スプレッドが縮小するので、リスクも加味すると**「ハイイールド債」**に相対的な妙味があるのがこの時間帯です。

リバウンドの後、続いてブームまで至るかどうかは、経済環境と、金融政策（金融緩和の程度と継続性）によりますが、常識的には**「株式」**も悪くないはずです。

基本的に、一二時と六時を結ぶ線の左側は「株式」がいい時代です。

八時～一一時（景気回復からブームへ）

「景気回復」から「ブーム（好況）」に至る時期なので、**「株式」**、**「不動産」**といった資産の収益が上がりやすく、これらがリターンを稼いでくれる時期です。こういう時期に当たると、投資の醍醐味が味わえます。

株式がいいか不動産がいいかは微妙ですが、流動性・換金性に優れる点で株式を第一選択肢としました。

一一時～一二時（ブームからバブルへ）

現在の金融ビジネスの構造を考えると、ブームがバブルに至らずに継続することは難しいのは前述の通りです。

どこまで続くか、いつまで続くかは渦中にあると判断しにくいのですが、ブームの末期は、経験的にいって、広範な信用の拡大が起こるので不動産価格が高騰しやすいように思います。過去にあって、ブームの末期には、しばしば信用拡大に後押しされた不動産ブームが起こっています。

もっとも、これが将来の不良債権の種になることも多いのが、頭の痛いところです。

バブルの終盤は、値上がりイメージの順番から、**「不動産」**、**「株式」**と並べてみました。

ただし、特に不動産は流動性が乏しくなった時に売れなくなるので、逃げ時が大事です。借金をして物件を購入するにあたっては、くれぐれも慎重であるべきでしょう。バブル後半の不動産ブームに乗るには、**REIT（不動産投資信託）**が無難でしょう。

不動産も株式も、バブルは末期の値上がりが大きいので、早く「降りる」と寂しい思いをすることがありますが、逃げ遅れて酷い目に遭うこともあるのが難しいところです。バブルが、いつ、幾らでピークを迎えるかを予測することは、誰にとっても難しい。

この段階から参加する投資については、「ご幸運を祈る！」としか言いようがありません。

運用の調節は「ほどほど」に

ここで述べたパターンは、基本的なものですが、現実には、自分が今どこの時間帯にいるのかを正確に判断するのは難事です。「今はここだ！」と決めつけて、極端に資金を動かしたりしない方がいい、と付け加えておきます。

「バブルの崩壊！」がはっきりと判断できるような時を除いて、たとえば、**一〇〇〇万円のうち、五〇〇万円のリスク資産投資が標準であると判断している人は、リスク資産の額を四〇〇万円から六〇〇万円の間で調節する、というくらいの判断が「無難」**です。

気をつけてほしいのは、株価が下落する過程で株式を売り切ってしまうと、なかなか次の投資ができなくなることです。リーマン・ショックの後の金融危機の際にも、その過程で株式を売ることができたのは幸いだったが、その後株式を買う切っ掛けを摑めずに、リバウンドも取り損ねたし、「アベノミクス相場」にも乗り遅れた、という投資家が多数いました。

投資は、相場を当てるというよりも、資本を提供して利益の配分を受けるのが基本ですから、よほどの確信がある時を除いて、リスク資産に対して何らかの投資残高を維持しておく方がいい場合が多いと私は思っています。多くの個人にとっては、上げ相場にも下げ相場にも一〇〇％付き合うことが結果的な幸いをもたらす現実的な方法であることが多いでしょう。

もっとも、**「運を用いる」と書いて「運用」と読む**、というくらいのものですから、運用に絶対はありません。最後に、読者のご幸運を祈って、「お金の授業」を終えたいと思います。

おわりに

「図解・最新　お金の授業」はいかがだったでしょうか。

著者は、これまでにお金の本を多数書いていますが、二〇一四年に出たこの本のオリジナル版には、お金を巡る様々な「考え方」についてページを十分割いて丁寧に書いた点で、印象に残り、愛着を感じていました。この度、図解版として、図版を大幅に加えながら改訂の機会を得たことを嬉しく思っています。

「お金の本」、特にお金を扱う考え方を書いた本は、内容が正しければ、古くなりにくいという長所があります。お金の問題は、前提条件をはっきりさせると、正しい答えが一つに決まるようにできているので、制度の変化や、新商品の登場、経済状況の変化などに影響される内容でなければ、かつて正しかったことは、今でも正しいのです。

今回の改訂作業に伴って旧版の文章を読み直してみると、われながら「なるほど、こう説明すると分かりやすかったのか」と納得する記述に多く出会いました。かなり大きな書き換えを行いましたが、教室で説明するような旧版の雰囲気を残しつつ、大幅に図版を増やしながら、新しい変化に対応できたように思います。

二〇一四年からこれまで、お金の問題に影響する大きな変化には、制度面で二〇一八年のつみたてNISAの登場、商品面でインデックス投信の手数料の引き下げ競争の進行、そして二〇一九年の「老後二〇〇〇万円問題」や二〇二〇年の新型コロナウイルス感染症流行に伴う株価の急落と大きな回復といった環境変化がありましたが、資産運用の面では、結果的には、本書で勧めているようなインデックス・ファンドを中心とした長期投資を普及ないし改善するような影響を持つものでした。

また、この間の市場の推移を見ると、二〇一四年のオリジナル版を読んでお金の運用を始めた読者がいたとしたら、多くがまずまずの成功を収めているのではないでしょうか。「このように投資すると儲かります！」と煽るような本ではないとしても、著者としては、改訂版を作るに際して内容を点検しつつ、少しほっとしていることを付け加えておきます。

本文にもあるように、人生にあって「お金」は重要ですが、それが一番大事だというほどのものではありません。お金は、あくまでも手段として、合理的に扱うといい。そのためには、お金の合理的な扱い方に通じる「考え方」を幾つかマスターして、自分で判断ができるようになるといいのですが、本書で説明した基本的な考え方が、読者の一生を通じて大いに役立つであろうことを著者は確信しています。

読者が本書を大いに利用して、お金の問題に煩わされることなく、人生を大いに楽しんでくれることを切望します。

本書の成立にあっては、二〇一四年当時の著者の秘書だった竹中歩さん、当時の編集担当者だった鈴木隆さん、そして今回、「図解・最新版」の企画をご提案下さって、編集をご担当頂いた佐口俊次郎さんのご協力を得ました。記して、感謝の意を表します。

二〇二一年九月吉日

山崎 元

著者略歴

山崎 元（やまざき・はじめ）

経済評論家。専門は資産運用。楽天証券経済研究所客員研究員。マイベンチマーク代表取締役。1958年、北海道生まれ。東京大学経済学部卒業、三菱商事に入社。野村投信、住友信託、メリルリンチ証券など12回の転職を経て現職。雑誌連載、テレビ出演多数。著書に『全面改訂 超簡単 お金の運用術』（朝日新書）、『新しい株式投資論』（PHP新書）、『お金をふやす本当の常識』（日経ビジネス人文庫）、『年金運用の実際知識』（東洋経済新報社）、『ファンドマネジメント』（金融財政事情研究会）など。

装幀：小口翔平＋畑中茜（tobufune）

図版作成：桜井勝志

図解・最新　学校では教えてくれないお金の授業

2021年10月5日　第1版第1刷発行

著　者　山崎 元

発行者　岡 修平

発行所　株式会社ＰＨＰエディターズ・グループ

〒135-0061　江東区豊洲5-6-52

☎03-6204-2931

http://www.peg.co.jp/

発売元　株式会社ＰＨＰ研究所

東京本部　〒135-8137　江東区豊洲5-6-52

普及部　☎03-3520-9630

京都本部　〒601-8411　京都市南区西九条北ノ内町11

PHP INTERFACE　https://www.php.co.jp/

印刷所
製本所　図書印刷株式会社

　ISBN978-4-569-85048-1